PONS

Instant English

SPEAK EASY

mit John Peter Sloan

Jede Situation auf Englisch schlagfertig meistern

PONS GmbH
Stuttgart

PONS
SPEAK EASY
mit John Peter Sloan

Übersetzung aus dem Italienischen von Beate Stern

Basiert auf ISBN 978-3-12-562847-2 und 978-3-12-561965-4

1. Auflage 2017

Original titles: Instant English / Instant English 2

Via Andegari, 6
20121 Milano (Italy)
This edition published by arrangement with book@Literary Agency
Printed in January 2017

www.pons.de
E-Mail: info@pons.de

Redaktion: Angela de Riese
Logoentwurf: Erwin Poell, Heidelberg
Logoüberarbeitung: Sabine Redlin, Ludwigsburg
Illustrationen: Sara Pedroni
Titelfoto: Studio Fotografico Mafalda
Einbandgestaltung: Anne Helbich, Stuttgart
Satz: Digraf.pl - dtp services
Druck und Bindung: AZ Druck und Datentechnik GmbH, Kempten

ISBN: 978-3-12-562885-4

Liebe Leserin, lieber Leser,

Englisch lernen kann so einfach sein - aber für viele ist es das nicht. Das hat auch John Peter Sloan in seiner jahrelangen Erfahrung als Englischlehrer in Italien festgestellt. Er fand die Kurse, die dort üblicherweise stattfanden, langweilig und ineffizient und beschloss, eine neue Methode für den Englischunterricht zu entwickeln. Seine Schüler sollten **Spaß** haben, und so wurden seine Stunden zu kleinen Theateraufführungen, die riesigen Ankiang fanden. Mit viel **Humor** gelang es ihm, die Schüler zu begeistern und auch denen Englisch beizubringen, die dachten, sie seien selbst das Problem oder einfach untalentiert.

Johns Methode beruht im Wesentlichen auf **Einfachheit**, **Logik** und dem gesunden Menschenverstand. Das ist sein Erfolgsrezept, das er unter anderem in den sehr erfolgreichen Büchern **Instant English** und **More Instant English** aufgeschrieben und veröffentlicht hat.

In **Speak easy mit John Peter Sloan** haben wir nun das Beste aus beiden Büchern für Sie zusammengestellt. Sie können das Buch von vorne nach hinten durchlesen, um einfach und schnell Ihr Englisch zu verbessern. Sie können es aber auch immer mal wieder zur Hand nehmen und an einer beliebigen Stelle zu lesen beginnen - Sie werden sicherlich immer wieder neue Aha-Erlebnisse haben und schon bald problemlos mitreden können.

Zunächst geht es ums Sprechen. Im Kapitel **English in Use** werden Sie auf alle möglichen Sprechsituationen vorbereitet, ob bei der Arbeit oder auf Reisen.

Im Kapitel **Verbs** geht es um die richtige Verwendung der wichtigsten Verben der englischen Sprache. Wenn Sie diese beherrschen, kann eigentlich nichts mehr schiefgehen.

Ein besonders guter Weg, um fließend und authentisch mitreden zu können, sind Redewendungen, sogenannte **idioms**. Deswegen finden Sie im letzten Teil des Buches eine umfangreiche Sammlung mit unterhaltsamen Erklärungen.

Also, worauf warten Sie noch? Legen Sie los - Englisch lernen ist einfach mit John Peter Sloan!

Viel Spaß wünscht Ihnen

die PONS-Redaktion

Inhalt

Inhalt

ENGLISH IN USE

1

1 AT WORK

Ich habe mich seit einigen Jahren auf das Thema Kommunikation am Arbeitsplatz spezialisiert. Dabei habe ich mit wichtigen multinationalen Firmen in Italien zusammengearbeitet.
Meine Erfahrung als **Schauspieler** ist mir bei der Erstellung von hochwertigen *presentations* zugute gekommen. Bei zahlreichen internationalen *conference calls* habe ich viele italienische Führungskräfte dabei unterstützt, in dieser stressigen und schwierigen Situation zurechtzukommen.
Meine Ratschläge im folgenden Abschnitt sollen dir bei deiner alltäglichen Kommunikation im Arbeitsleben - auch im Deutschen - hilfreich sein.

1.1 RECEIVING SOMEONE

Wenn du einen Kollegen aus dem Ausland empfängst, ist es wichtig, eine ungezwungene und freundschaftliche Atmosphäre zu schaffen.

Glaube nicht, du müsstest ernst und professionell sein: Das ist vielleicht ganz am Anfang eurer Zusammenarbeit okay. Denk daran, dass der Kollege, dessen Gastgeber du bist, in dieser Situation genauso gestresst ist wie du. Er wird also froh sein und sich wohler fühlen, wenn du lächelst und fröhlich bist.

PLEASE?

Wenn ihr den Aufzug nehmt, dann SAGE NICHT *please* anstelle von ‚bitte', um den Besucher vor dir den Aufzug betreten zu lassen - was im Übrigen angebracht ist. Man sagt stattdessen after you! Wenn du *please* sagst, denkt dein Gast, dass du ihm eine Frage stellen möchtest und fragt dich ‚*please what?*'... Bis er kapiert, warum du ‚bitte' sagst, haben sich die Aufzugtüren bereits geöffnet, wieder geschlossen und der Aufzug ist abgefahren ...

Schauen wir uns eine typische Szene an: Ein *visitor* kommt

Gib ihm die Hand und begrüße ihn:
'Hello, Mr Grant, I'm Stefan and I'm very pleased to meet you.'
Hallo, Herr Grant, ich bin Stefan und freue mich sehr, Sie kennenzulernen.

Oder, wenn du ihn bereits früher kennengelernt oder getroffen hast:
'Hello, Mr Grant, I'm very pleased to see you again.'
Hallo, Herr Grant, schön, Sie wiederzusehen.

Sage bitte nicht ‚*follow me*' (folgen Sie mir).
Dieser Ausdruck ist okay, wenn du Polizist bist und einen Verbrecher verhaftest. Am Arbeitsplatz sagst du besser:

'If you'd like to come this way, I'll show you to my office/Mr Müller's office...'
Gehen wir bitte hier entlang, ich zeige Ihnen mein Büro/Herrn Müllers Büro...

1.2 SMALL TALK

Oder auch: ein Schwätzchen halten ...

Versuche, während du mit deinem Gast unterwegs bist, die Situation durch ein wenig *small talk* zu entspannen. Hier findest du ein paar Beispiele:

'So, how was your flight?' Wie war denn Ihr Flug?

'Have you been to Cologne before?' Waren Sie schon einmal in Köln?

'I love London/Berlin/Kabul; I would like to spend more time there.'
Ich liebe London/Berlin/Kabul, ich wäre gerne länger dort.

'Mr Müller won't be long now.' Herr Müller wird gleich kommen.

'Mr Müller will be with you in a moment.' Herr Müller wird gleich bei Ihnen sein.

'Can I get you anything?' Kann ich Ihnen etwas anbieten?

YOU

Denk dran: Im Englischen gibt es keine Höflichkeitsform. Man sagt immer *you*, auch wenn man sich im Deutschen siezt.

1.2.1 ICE BREAKERS

Das sind Sätze, die als „Eisbrecher" fungieren und mit einer Prise Humor versehen sind. Sie entschärfen die Situation. Du wirkst sympathisch und selbstsicher, wenn du sie einfließen lässt!

'Don't worry, Mr Müller speaks better English than I (do)!'
Keine Sorge, Herr Müller spricht besser Englisch als ich!

'You should visit the Dom; it took more than 600 years to build. Like my new garage!' Sie sollten den Dom besichtigen; es wurde mehr als 600 Jahre daran gebaut. Wie bei meiner neuen Garage!

'I would advise you to take a taxi in Berlin; there is a terrible one-way system. Some people have been trapped in it for weeks. Our HR manager is still in there, somewhere.' Ich würde Ihnen raten, in Berlin ein Taxi zu nehmen; wir haben ein schreckliches Einbahnstraßensystem. Es gab schon Leute, die wochenlang nicht mehr herausgefunden haben. Unser Personaler steckt noch immer irgendwo dort draußen fest.

Wenn du etwas zu trinken anbietest:

'Sorry, we have only tea, coffee or water; someone finished the whisky after Bayern München won the cup.' Es tut mir leid, aber wir haben nur Tee, Kaffee oder Wasser; irgendjemand hat den Whisky ausgetrunken, nachdem Bayern München den Pokal gewonnen hat.

'Something to drink, maybe?' Vielleicht etwas zu trinken?

'We have tea, coffee... or water.' Wir haben Tee, Kaffee ... oder Wasser.

'Certainly. A glass of water. Still or sparkling?' Gerne - ein Glas Wasser. Mit oder ohne Kohlensäure?

'Certainly. A cup of tea/coffee. Sugar? Milk?' Gerne - eine Tasse Tee/Kaffee. Zucker? Milch?

1.2.2 HOW TO SAY GOODBYE

So kannst du dich von deinem Gast verabschieden, wenn die Stunde des Abschieds gekommen ist:

'It was a pleasure meeting you (oder seeing you again, wenn es nicht das erste Mal ist) and I hope you enjoy your stay in our city.' Es war mir ein Vergnügen, Sie [wieder] zu treffen, und ich hoffe, dass Sie einen angenehmen Aufenthalt in unserer Stadt haben.

'Have a nice week, Mr Grant.' Ich wünsche Ihnen eine angenehme Woche, Herr Grant.

'Would you like me to call you a taxi?' Soll ich Ihnen ein Taxi rufen?

'Let me take you back to the entrance, this way...' Ich begleite Sie noch zum Ausgang, bitte hier entlang ...

BYE

NICHT *bye bye* – denn das sagt man zu kleinen Kindern – und auch nicht *goodbye*, denn das klingt wie das Ende einer bedeutenden Romanze (leben Sie wohl, Herr Grant).

1.3 COMMUNICATE AT WORK

Der Geheimtipp: Mach dir eine Checkliste!

Es gibt einen neuen Ansatz für die Kommunikation am Arbeitsplatz, und das ist der einzig richtige Ansatz! Die gute Nachricht für dich dabei: Man bildet keine langen, komplizierten Sätze voller Fachausdrücke mehr. In der modernen Korrespondenz verwendet man vielmehr ein einfaches, direktes und freundschaftliches Englisch.

Die Deutschen leiden unter einer leichten Paranoia im Hinblick darauf, was sich gehört und was nicht. Glaube mir, es ist keineswegs unhöflich, sich kurz und bündig auszudrücken. Ganz im Gegenteil - in unserer immer schnelllebigeren und hektischen Welt wird das sehr geschätzt.

Bevor du eine E-Mail oder eine Präsentation verfasst oder ein Telefongespräch führst, solltest du dir immer ein Konzept erstellen mit den wichtigsten Punkten, die du mitzuteilen hast, - eine Checkliste. So kannst du dir zu 100 % sicher sein, dass du an alle Punkte denkst, die du besprechen solltest. Hier habe ich dir ein paar Ratschläge in Stichworten zusammensgestellt, die dir sicherlich von Nutzen sein werden:

FASSE DICH KURZ

- Verzichte auf überflüssige Wörter und Phrasen.
- Streiche den Teil, der sich auf frühere Korrespondenz bezieht.
- Trenne unterschiedliche Informationen: Wenn du drei verschiedene Sachverhalte mitzuteilen hast, dann führe sie nacheinander auf.

DRÜCKE DICH KLAR UND EINFACH AUS

- Benutze einfache Worte, schreibe kurze Zeilen und kurze Absätze.
- Halte das Thema so einfach wie möglich.
- Benutze klare Worte und konkrete Sätze.

FORMULIERE KONKRET UND ZEIGE ENTGEGENKOMMEN

- Beantworte Fragen sofort.
- Beantworte zuerst die Frage, und liefere dann die Erklärung.
- Bediene dich eines freundschaftlichen, umgangssprachlichen Stils.

SEI EHRLICH UND ÜBERZEUGEND

- Antworte schnell.
- Versuche, verständnisvoll und entgegenkommend zu sein.
- Schreibe so, als würde der Empfänger dir gegenübersitzen.

1.4 E-MAIL

Eine E-Mail ist kein Brief. Lange, umständliche Sätze sind nicht mehr nötig.

Im modernen Geschäftsleben verzichtet man auf manche veralteten und überflüssigen Floskeln:

I regret to inform you (besser *I am sorry, but...*)
Please do not hesitate to contact me (besser *Feel free to ask me any questions*)
Please advise (besser *Please let me know*).

Diese Floskeln sind unnatürlich, und warum solltest du etwas schreiben, was du niemals sagst?
Wenn ich dich fragen würde: ‚Ist Rita im Büro?', würdest du mir dann etwa antworten: ‚*Regarding your enquiry dated November 21 as to whether or not Rita is present in her office, I regret to inform you that...*' ??! DAS WÜRDEST DU NIEMALS TUN! Man würde dich für verrückt halten. Also schreib das bitte auch nicht! Du würdest sagen: ‚*I have checked Rita's office and she isn't in there*' – also schreib das auch!

E-Mails sind ein Medium der schnellen Information – sorge also dafür, dass sie kurz und bündig sind.

Dear Barney,

I will send the file tonight.
Cheers (wenn du mit ihm sehr vertraut bist)
Speak to you soon (wenn du mit ihm weniger vertraut bist)

Fred Flintstone

Bediene dich eines lockeren Stils; so wirst du glaubwürdiger, und der Empfänger merkt, dass er es tatsächlich mit einer Person aus Fleisch und Blut zu tun hat! Manche Leute sagen mir „So komme ich mir aber unhöflich vor". Es ist nicht unhöflich, einfach und freundschaftlich zu kommunizieren, NEIN, das wird bei deinen Kollegen gut ankommen - trau dich!

Hi, Tom,
There are a few things I'm not sure about, could you help me?

ACHTE DARAUF, LEERRÄUME ZU BELASSEN!

Who is sorting out the invoice for delivery 804?
When will we know how much we need for next month?
Who must I contact for approval?
Thanks a lot, Rita

Der Leser wird deine Klarheit zu schätzen wissen und deine Nachrichten in Zukunft gerne lesen. Damit du dich so klar wie möglich auszudrückst, verwende bitte nicht die PASSIVFORM:

SO NICHT: It was agreed by the committee... (Passiv)
BESSER: The committee agreed... (Aktiv)

SO NICHT: At the last meeting, a report was made by the Secretary... (Passiv)
BESSER: At the last meeting, the Secretary reported... (Aktiv)

SO NICHT: This form should be signed and should be returned to me. (Passiv)
BESSER: You should sign the form and return it to me. (Aktiv)

1.4.1 DAS SANDWICHPRINZIP (positiver Anfang - schlechte Nachricht - starker Schluss)

Wenn du eine schlechte Nachricht mitzuteilen hast oder dich entschuldigen musst, bediene dich immer des Prinzips „Sandwich" (© john peter sloan). Der Anfang einer E-Mail ist wie der Anfang eines Liedes - er gibt die *mood* vor ...

Beginnt eine E-Mail negativ, dann ist es schwierig, das wiedergutzumachen. Nehmen wir ein Beispiel:

ORANGE COMPANY SRL

Herr Dipinto, ein Sizilianer, schickt 17 Tonnen Orangen an seinen besten Kunden, Herrn Jones. Während die Fähre den Ärmelkanal passiert, zieht ein Unwetter auf, das Kühlaggregat des LKWs fällt aus, und sämtliche Orangen verderben. Herr Dipinto hat keine andere Möglichkeit, Herrn Jones darüber in Kenntnis zu setzen, als per E-Mail.

Die Geschichte hat sich tatsächlich so ereignet, und diese katastrophale E-Mail wurde versandt:

Dear Mr Jones,
I'm really sorry, but your load of oranges can't be delivered (und schon fällt Herr Jones aus allen Wolken und ist verzweifelt).
There was an accident during the journey across the sea and all of the oranges went bad (Herr Jones ist jetzt einer Ohnmacht nahe ...).
We have prepared a new load and I hope nothing happens this time.

UND SO HÄTTE DIE E-MAIL AUSSEHEN KÖNNEN:
Dear Mr Jones,
I have just finished loading your new delivery. (Handlung-Lösung)
We had an unexpected problem (Gehe auf die Details des Problems nicht näher ein; Herrn Jones interessiert das nicht, er möchte nur wissen, wie du das Problem gelöst hast!), but I will do all I can to make sure this never happens again! (Handlung-Lösung)
Please, accept this new load as our gift for any inconvenience caused. (Entschädigung)
Feel free to call me for any details (so kann er dich anrufen und fragen, was geschehen ist, falls es ihn interessiert).

I look forward to a great future partnership! (schreibe hier nicht hope - das ist zu schwach. Es ist für dich ganz selbstverständlich, dass alles gut gehen wird)
Sincerely,

Mr Dipinto

MR and MS

Die Frauen der Welt fanden es nicht in Ordnung, dass die Männer sich hinter einem allgemeinen *Mr* verstecken (womit man sowohl verheiratete als auch unverheiratete Männer anredet), während sie selbst ihren Familienstand preisgaben (mit *Miss* redete man unverheiratete Frauen an, mit *Mrs* die verheirateten). Heutzutage verwendet man seltener *Mrs* und *Miss*, sondern häufig nur noch *Ms* (aber nur im Schriftverkehr! Spricht man höflich und formell mit einer Frau, so redet man sie mit *madam* an); diese Anrede ist neutral.

Wendest du dich an einen Mann, dann sprich ihn immer mit *Mr* an.
Wendest du dich an eine Frau, dann sprich sie immer mit *Ms* an.
Schreibst du an eine Gruppe von Personen, verwende *Dear Sir or Madam* oder *Dear Sirs*.
Wenn du nicht weißt, wer deine E-Mail lesen wird, dann schreibst du *To whom it may concern*, was wörtlich übersetzt soviel bedeutet wie ‚Wen es betreffen mag'.

1.4.2 SIGNING OFF

Wenn du die E-Mail geschrieben hast, kommt es sicher manchmal vor, dass du lange über einen Schlusssatz nachdenkst. Wie komme ich zum Ende? Wie lautet der korrekte Abschiedsgruß? Welche Grußformel passt? Schaffen wir ein wenig Klarheit ...

Sincerely
Wenn du einen Fehler gemacht hast oder dir etwas leid tut, nimmst du am besten *sincerely:* Die Botschaft lautet dann, dass du die Sache ernst nimmst.

Regards
Wenn sie alleine steht, ist diese Grußformel nichtssagend. Ich benutze sie immer dann, wenn ich stinksauer bin - sie ist das absolute Minimum, wenn du noch höflich bleiben willst.
(Ausnahme: Wenn du jemandem sehr oft schreibst, ist *regards* okay, damit du nicht jedes Mal variieren musst!)

Best regards
ist ein formelles ‚tschüss'.

Kind regards
ist ein schöner Ausdruck. Verwende ihn vor allem dann, wenn du etwas möchtest!

Warm regards
Wenn du deinen Gesprächspartner gut kennst, drückt diese Grußformel die größtmögliche Zuneigung aus und bleibt dennoch formell.

Cheers
Hierfür gibt es keine genaue Entsprechung im Deutschen. Man benutzt diesen Ausdruck auch, wenn man mit jemandem anstößt, im Sinne von ‚zum Wohl'.

Take care
entspricht dem Deutschen ‚mach's gut'.

Speak to you soon
ist gleichbedeutend mit ‚bis bald'.

1.4.3 EXAMPLES

Im Folgenden findest du einige Beispiele für E-Mails, wie man sie in verschiedenen Situationen verschicken könnte.

SITUATION: EINE AKTE WIRD VERSPÄTET VERSENDET

FORMELL

Dear Mr Collins,

The file you requested is attached; sorry it's late.
There is a lot going on at the moment.
Kind regards,

Thomas Müller
Accounts Manager
S & S London

INFORMELL

Hi Peter,

I'm really sorry for being late, but the file you wanted is attached!
It's crazy around here at the moment.
I hope you're well,

Thomas

SITUATION: EINE ANTWORT WIRD ANGEMAHNT

FORMELL

Dear Mr Regan,

Would you please confirm that you received my question about the Saturn project and if your answer is positive or not.
Sorry for pressing you, but there is some urgency.
Thank you for your understanding.

Karl Manner
IT dept
Delware Electronics

INFORMELL

Oliver,

I hate to bug you (dich zu nerven/dir auf die Nerven zu gehen), but I really need an answer, my friend.

HUMOROUS ALTERNATIVE:
I think your answer to my question got lost (ist verloren gegangen) in cyber space. Can you send it again, please?
Waiting patiently,

Karl

SITUATION: BITTE UM EINEN TERMIN

FORMELL

Dear Mr Lieber,

I'd like to know if I could make an appointment with you to discuss some issues concerning the Saturn project.
I have some ideas and I think you'll find them interesting.
Please let me know when it would be convenient.
Kind regards,

Sarah Thompson
Head Publisher
Taylor & Taylor Ltd

INFORMELL

Hi Ricky,

I was wondering (ich habe mich gefragt) if we could meet and talk about the Saturn stuff (Saturn-Sache).
I have a few ideas you might be interested in.
Let me know when it would be convenient.

Sarah

SITUATION: DIREKTE FRAGE

FORMELL

Dear Ms Chambers,

Thank you for the new list of regulations. I'd just like to ask you for a little more clarity concerning point 3.
It isn't clear to us what we need to do here. Thanks in advance for your time and help.

Jennifer Palin
Security Manager
Kraft Foods

INFORMELL

Hi Diane,

We are a little confused about these new regulations.
Would you explain point 3 in more detail, please? We don't really get it (etwas verstehen).
Thanks for your patience!

Jennifer

SITUATION: EIN TERMIN WIRD ABGESAGT

FORMELL

Dear Mr Rosenthal,

I have just (gerade) learned that I won't be able to attend the meeting on Friday.
I hope this doesn't inconvenience you and I hope to exchange ideas with you at a later date.
Sincerely,

Tanya Buhnik
Marketing Manager
Salty Biscuits srl

INFORMELL

Hey Jim,

I'm really sorry, but I can't make the meeting. Something has cropped up in the office that I really have to sort out.
Hope to see you at the next one!

Tanya

SITUATION: EINE GESCHÄFTSREISE WIRD ORGANISIERT

FORMELL

Dear Mr Regis,

I can confirm that I am arriving in London at 3 p.m. on Monday. Please let me know if there will be someone at the airport to receive me. I can also confirm that I'll be staying at the Victoria Hotel in Abbey Road for my three days in London.
I look forward to seeing you there,

Bill Summers
Customer Service, Currys Ltd

INFORMELL

Hi Colin,

I am landing in London at 3 p.m., so if anybody is kind enough (so freundlich) to come and meet me at the airport that would be great. If not, I'll take a taxi. I'm staying in the Victoria Hotel, it was the nearest we could sort out at short notice (kurzfristig), hope it has a mini-bar!

Bill

SITUATION: EINE VERSANDANZEIGE

FORMELL

Dear Ms Hollins,

I can confirm that the delivery of goods (Ware) will arrive on Monday morning at your warehouse. We request that someone is there to receive it. Best regards,

Joseph Lamer
Logistics Manager, Hollyoaks srl

INFORMELL

Tara,

Your load (Ladung) will be delivered (ausgeliefert) on Monday morning. Please have someone at the warehouse (Lager) ready for the truck (LKW)!
Thanks dear,

Joe

SITUATION: MULTIPLE QUESTIONS

FORMELL

Dear Ms Harris,

A few questions, if I may,
- What is the delivery deadline (Lieferfrist) for these orders?

INFORMELL

Hi Myriam,

A few questions, please:
- What is the delivery deadline for these orders?

- Can we send the goods part by part, or do you need them all together?
- Should we send them all to the same address, or are there different addresses for different orders?
Thank you for clarifying,

Tim Roth — United Fruits

- Can we send the goods bit by bit (nach und nach), or do you need them all together?
- Should we send them all to the same address, or are there different addresses for different orders?
Thanks mate,

Tim

SITUATION: SUCHE NACH EINEM JOB

FORMELL (DU WEISST, DASS EINE STELLE ZU BESETZEN IST)

Object: FAO (For the Attention Of) Human Resources

To whom it may concern, (wenn du keinen direkten Ansprechpartner kennst; besser ist es auf jeden Fall, wenn du einen Namen herausfindest!)
I am writing to you about the vacant (freie) position in your accounts dept.
I am very interested in this position and ask you kindly to have a look at my CV, which is attached to this message.
Thank you very much for your time,

Linda Schmid

FORMELL (DU BIST AN DER FIRMA INTERESSIERT, WEISST ABER NICHT, OB ES EINE FREIE STELLE GIBT)

Object: FAO Human Resources

To whom it may concern,

I am writing to you to express my interest in joining your company.
I feel your company is perfectly suited (geeignet) to my studies/professional experience and I kindly ask you to view my CV, attached, for future consideration.
Thank you for your time and help,

Linda Schmid

1.5 ON THE TELEPHONE

Es folgt ein typisches geschäftliches Telefongespräch, das einige sehr wichtige englische Ausdrücke enthält:

London: 'Hello, Simms' Fruit Farm.'
Anna: 'Good morning, this is Anna from Kraft, Bremen.'
L: 'Good morning, how can I help you, Anna?' (theoretisch müssten sie dir so anworten!)
Anna: 'I'd like to speak to the person in charge of (zuständig für) accounts, please.'
L: 'Certainly, hold on (warten) a minute, I'll just put you through.'

(*to put* + Subjekt + *through*: (am Telefon) verbinden, durchstellen)

LÄSTIGE MUSIK
Oft musst du zwangsweise eine lästige Wartemusik ertragen!

L: 'Sorry to keep you waiting. I'm afraid, Mr Jones isn't in his office* at the moment, but if you leave your number, I will ask him to call you back.'
Anna: 'That would be great, thanks... it's Anna Müller from Kraft (Germany) and the number is 0049 for Germany then 4214456.'
L: 'Ok, I'll make sure he gets that as soon as possible.'
Anna: 'Thanks a lot, bye.'
L: 'Bye.'

***IN (MY) OFFICE**
Wenn du jemandem mitteilen möchtest, dass eine Person im Moment im Büro ist beziehungsweise nicht dort ist, so sagst du NICHT *he is in office* - der Präsident der Vereinigten Staaten ist *in office* (im Amt) ... Richtig ist es zu sagen *in my/his/her office.*

1.5.1 A MESSAGE ON AN ANSWERING MACHINE (EINE NACHRICHT AUF DEM AB HINTERLASSEN)

Im Folgenden findest du die wichtigsten Schritte beim Hinterlassen einer Nachricht auf einem Anrufbeantworter.

EINFÜHRUNG

Hello, this is Ken. *OR* Hello, My name is Ken Beare (formeller).

UHRZEIT UND GRUND DES ANRUFS

It's ten in the morning. I'm phoning/calling/ringing to see if.../to let you know (um Ihnen mitzuteilen) that.../to tell you that...

EINEN WUNSCH ÄUSSERN

Would you call/ring/phone me back? *OR* Would you mind (würde es Ihnen etwas ausmachen)...?

DIE EIGENE TELEFONNUMMER HINTERLASSEN

My number is... *OR* You can get me at... *OR* Call me at... *OR* You can reach me at...

DIE MITTEILUNG BEENDEN

Thanks a lot, bye. *OR* I'll talk to you later, bye.

Das folgende Beispiel zeigt, welche Dynamik sich entwickeln kann, wenn man eine Nachricht auf einem Anrufbeantworter hinterlässt.

Ring ... Ring ... Ring ... (das Telefon)

Toms Anrufbeantworter: Hello, this is Tom. I'm afraid, I'm not in at the moment. Please leave a message after the beep.....

Beep ... (das Telefon)

Hello, Tom, this is Ken. It's about noon and I'm calling to see if you would like to go to the Birmingham game on Friday. We are sure to win, again. Would you call me back? You can reach me at 367-8925 until five this afternoon. I'll talk to you later, bye.

SLOWLY

Eine der Klagen, die ich am häufigsten höre, lautet: „Die reden so schnell, da komme ich nicht mit!". Du brauchst keine Angst zu haben. Engländer sind sich der Geschwindigkeit, mit der sie reden, oftmals nicht bewusst; wenn du sie darauf aufmerksam machst, nehmen sie es dir nicht übel. Es ist VIEL SCHLIMMER, wenn du so tust, als würdest du sie verstehen, oder wenn du versuchst, es zu erraten - das kann sogar gefährlich werden.

Wenn du dir nicht sicher bist, ob du etwas richtig verstanden hast, UNTERBRICH deinen Gesprächspartner! Und merke dir diesen Rat: Bitte ihn sofort, langsamer zu sprechen.

'Sorry, could you speak slowly, please, I am still learning.'

Dein Gesprächspartner wird deine Bemühungen, seine Sprache zu erlernen, zu schätzen wissen und dir gerne dabei helfen, sie zu verstehen.

1.5.2 THE GAME RULES

Ich verrate dir jetzt ein paar Geheimnisse, die du dir gut merken solltest, wenn du telefonierst - vor allem, wenn dies geschäftlich geschieht.

WIEDERHOLEN

Wenn du dir den Namen einer Person oder eine wichtige Information notierst, ist es äußerst wichtig, dass du sämtliche Details wiederholst, die dein Gesprächspartner dir liefert. Das Wiederholen wichtiger Details oder einzelner Zahlen bzw. - im Falle von *spelling* - von Buchstaben ist eine sehr wirksame Methode. Der Gesprächspartner wird automatisch dazu gebracht, langsamer zu reden, denn er denkt, dass du alles mitschreibst. Nebenbei machst du so auch noch einen guten Eindruck - jemand, der mitschreibt, gibt zu verstehen, dass ihm die Informationen, die er erhält, wichtig sind.

TU NICHT SO, ALS HÄTTEST DU ALLES VERSTANDEN

Sag niemals, du hättest etwas verstanden, wenn du es nicht verstanden hast! Bitte deinen Gesprächspartner, das Gesagte so lange zu wiederholen, bis es dir wirklich klar ist. Vergiss nicht: Der Andere möchte, dass du ihn verstehst - es liegt also in seinem Interesse, dass du alles richtig verstanden hast. Wenn du jemanden mehr als zweimal darum bittest, etwas zu erklären oder zu wiederholen, dann wird er langsamer reden.

1.6 CONFERENCE CALLS

Wenn du Schwierigkeiten mit solchen *conference calls* oder gar Angst davor hast, denk daran, dass du damit nicht alleine bist - das kann ich dir versichern.
Stell dir vor, du bist mit anderen Menschen an unterschiedlichen Orten verbunden und einer von ihnen sagt: ‚*Please, I would like to ask everybody to speak in a slow, clear and simple way, because it is important to me to understand*'.

Diese Person wäre für dich der Held, oder? Du würdest ihr zu Weihnachten Pralinen und Blumen schicken, stimmt's?! Warum wirst du also nicht gleich selbst dieser Mythos?!
Denke ja nicht: „Ich möchte nicht unterbrechen, ich will ja nicht nerven!" - das tust du nicht! Dein Gesprächspartner wird vielmehr sowohl bei *one-to-one* Gesprächen als auch bei *conference calls* früher oder später merken, dass du dem Gespräch nicht zu 100 % folgen kannst. Engländer sind ja schließlich nicht dumm!

DENKE ÜBER DIE FOLGENDEN GRUNDREGELN NACH - DANN WIRST DU RUHIGER SEIN UND DICH WOHLER FÜHLEN:

- *Conference calls* sind kein sehr gängiges Kommunikationsinstrument. Ihr Wert ist jedoch nicht zu unterschätzen, denn sie sind kostengünstig, schnell und einfach zu organisieren.

- Sorge dafür, dass der *conference call* nicht langweilig wird. Versende eine Tagesordnung per Post, Fax oder E-Mail, aber auch Flyer, Bilder und Grafiken, falls vorhanden. Das sind nützliche Hilfsmittel, die den Gegenstand der Diskussion illustrieren und erklären. Das ist dann hilfreich, wenn ein Großteil der Teilnehmer des *conference call* in dem Raum ist, in dem auch besagtes Material vorliegt. Auf diese Weise sind dir eine hohe Aufmerksamkeit und großes Interesse sicher.

- Eine Gruppe von drei bis sechs Personen ist optimal für einen *conference call*, im Rahmen dessen ein Beschluss gefasst oder ein Problem gelöst werden soll. Größere Gruppen sind schwieriger zu führen; mit einer guten Vorbereitung kann es dennoch gelingen.
- Auch eine Mitschnitt des *conference call* für die Personen, die nicht live daran teilnehmen können, kann sinnvoll sein.

1.6.1 INTRODUCTION

Viele Menschen bekommen es mit der Angst zu tun, wenn ein *conference call* ansteht, und sie sehen diesem Gespräch mit der gleichen Begeisterung entgegen wie einem Zahnarztbesuch. Das liegt daran, dass sie bisher mittelmäßige oder gar schreckliche Erfahrungen damit gemacht haben.
Das überrascht mich überhaupt nicht, denn es gibt derart viele mittelmäßige oder gar schreckliche *conference calls*, dass man einen ganzen Tag lang darüber reden könnte!!! Das ist sehr schade, weil dieses Kommunikationsinstrument seltener eingesetzt wird als E-Mails, obwohl es die direkte und unmittelbare Zusammenarbeit eines Teams viel besser fördert.
Der Zweck meiner Ratschläge zu *conference calls* ist es, dir die negativen und positiven Aspekte zu vermitteln - und das, was zu vermeiden ist. Vor allem aber möchte ich dir Anregungen geben, die deinen *conference call* einladend, effizient und erfolgreich werden lassen, damit du die Zeit, die dir zur Verfügung steht, gut nutzen kannst.

1.6.2 HOW IT IS DONE

Hier findest du einige Hinweise darüber, wie du dich in einem *conference call* korrekt verhältst und welche Fehler du vermeiden solltest. Oder besser: was zu tun und was zu lassen ist!

SORGE FÜR EIN RUHIGES UMFELD

Bei *conference calls* kann es ziemlich laut zugehen, und manchmal sorgen Hintergrundgeräusche für gehörige Ablenkung. Schließe die Tür und telefoniere in einer ruhigen Ecke (verstecke dich hinter deiner Jacke, wenn nötig!), oder sorge dafür, dass du Lärm fernhältst. Vermeide es, mit Papier zu rascheln, schmatzend zu essen oder Kaffee zu schlürfen, zu schnarchen, am Computer zu tippen, Kaugummi zu kauen oder sonstige Geräusche zu produzieren (!!!). Schalte, wenn möglich, den Ton ab, der ein Gespräch in der Warteschleife signalisiert - damit solche kleinen Störfaktoren dein Gespräch nicht unterbrechen.

SETZE EINEN MODERATOR FÜR DEINEN *CONFERENCE CALL* EIN

Sitzungen benötigen immer einen Sitzungsleiter - Telefonkonferenzen machen da keine Ausnahme: Eine Person muss das Gespräch leiten. In der Regel muss die Person, die zum Redner bestimmt wird, diejenige sein, die die Kontrolle behält und Chaos verhindert.

NUTZE DEINE STIMME UND NICHT DEINE AUGEN

Du befindest dich in einem *conference call*! Wenn du dich mit jemandem persönlich triffst, ist es einfach, dieser Person in die Augen zu schauen, um deren Stimmung zu erfassen und so gut wie möglich darauf einzugehen. Dies geschieht dann aufgrund der Indizien, die dir die Gegenwart der Person liefert. Bei einem *conference call* steht dir diese Möglichkeit nicht zur Verfügung; dir bleibt lediglich die Stimme - also frage deinen Gesprächspartner immer wieder nach seiner Meinung. Sprich langsam und akzentuiert, mit einfachen Worten und lauter Stimme. Gib den Rhythmus des Gesprächs vor - die anderen werden dir folgen.

WARTE, BIS DU AN DER REIHE BIST

Vergiss nie, was deine Mutter oder deine Lehrerin dir beigebracht haben: Auch wenn du unbedingt etwas sagen möchtest - warte immer, bis du dran bist. Widerstehe der Versuchung, einfach loszureden. Dafür gibt es zwei Gründe: Erstens ist es schlicht und einfach eine Frage der Höflichkeit und der Rücksichtnahme auf einen guten Gesprächsverlauf - und auch auf die Kollegen. Zweitens kann bei manchen Telefonapparaten, Lautsprechern oder Mikrofonen immer nur eine Person sprechen. Fällst du einem Gesprächspartner ins Wort, riskierst du damit, ohne es zu wollen, einen Teil seiner Ausführungen abzuschneiden.

HALTE DIE TAGESORDNUNG EIN

Folge der Tagesordnung, die vorab erstellt werden muss. Bei allen *conference calls* wird zuvor eine solche erstellt, die auch eingehalten werden muss, um sicherzugehen, dass sämtliche Programmpunkte abgearbeitet werden. Vergiss nicht, vor der Sitzung die Tagesordnung per Fax oder E-Mail an sämtliche Teilnehmer des *conference call* zu verschicken. Eine Last-Minute-Tagesordnung ist immer noch besser als gar keine.

1.7 PRESENTATIONS

Das Spektakel beginnt.

Als Schauspieler ist mir bewusst, welch wichtige Hilfe mein schauspielerisches Können dem Regisseur bei der Vorbereitung seiner *presentations* ist. Wie bei einem Theaterstück musst du dich allen schön und klar mitteilen und sie gut unterhalten ...
Du findest hier zehn Anregungen, die deine Präsentation erfolgreich machen:

1. Setze das ANSCHAUUNGSMATERIAL, das dir zur Verfügung steht - zum Beispiel Plakate, Grafiken und Dias - nicht im Überfluss ein. Welche Bilder du auch immer zur Verfügung hast, sie müssen einfach und ohne viele Worte sein. Das Publikum ist nicht gekommen, um irgendwelche Bildunterschriften zu lesen ... es ist da, um deiner Präsentation zu folgen.

2. Schau dein PUBLIKUM an. Falls du dich fragst, wohin du während deiner Präsentation schauen sollst - die Antwort befindet sich vor deiner Nase. Konzentriere dich nicht auf eine Person im Publikum. Versuche lieber, Blickkontakt mit zahlreichen Menschen im Raum aufzunehmen. So vermeidest du, den Rest des Publikums zu isolieren und somit die Aufmerksamkeit eines Teils deiner Zuhörerschaft zu verlieren.

3. Zeige deine PERSÖNLICHKEIT. Es ist ganz egal, ob du vor einer Firmenversammlung oder vor Senioren präsentierst: Wichtig ist es, dass du bei deiner Präsentation Charakter zeigst.

4. Bringe sie zum LACHEN. Auch wenn es deine Aufgabe ist, deinen Zuhörern etwas Wichtiges zu vermitteln, musst du sie unterhalten. So sicherst du dir ihre Aufmerksamkeit, und sie werden die Inhalte, die du in deiner Präsentation vorbringst, leichter aufnehmen und sich an sie erinnern.

5. Sprich MIT deinem Publikum - und nicht ZU ihm. INTERAGIERE mit den Zuhörern und bringe ein Gespräch in Gang. Am leichtesten gelingt dir das, wenn du Fragen stellst, aber auch, wenn du deine Zuhörer dazu aufforderst, Fragen zu stellen.

6. Sei ehrlich. Sage immer, was du zu sagen hast - und nicht, was deine Zuhörer gerne hören möchten. Sag ihnen die WAHRHEIT: Dann werden sie mehr Respekt vor dir haben und dir vertrauen.

7. Übertreibe nicht, wenn du dich VORBEREITEST. Selbstverständlich musst du gut vorbereitet sein und wissen, was du sagen wirst; sorge aber auch dafür, dass deine Präsentation natürlich und nicht auswendig gelernt klingt.

8. Bewege dich. Unterstreiche das, was du sagst, mit ein paar kleinen GESTEN. Folge einem gewissen RHYTHMUS (aber übertreibe nicht), wenn du redest. Denk daran, dass keiner gerne einer starren Statue zuschaut: Die Zuhörer lassen sich von einem „bewegten *speaker*" leichter mitreißen.

9. Achte auf die REAKTIONEN deines Publikums. Oftmals kannst du typische Äußerungen wie „Uhm!", „Ah!" wahrnehmen - oder sonstige Äußerungen, die zwar überflüssig sind, die das Publikum aber dennoch von sich gibt. Manchmal sind diese Äußerungen auch ziemlich störend - lass dich dadurch nicht entmutigen und mache weiter.

10. Sei einzigartig. Wenn du nicht etwas EINZIGARTIGES tust, das dich von allen anderen Vortragenden unterscheidet, wird sich dein Publikum nicht an dich erinnern. Mache auf jeden Fall etwas Einzigartiges, was in Erinnerung bleibt.

1.7.1 A FUNNY START

LÄCHLE, wenn du deine Präsentation beginnst ... Wenn du lächelst, bist du sympathisch. Scheue dich nicht, mit einem kleinen Scherz zu starten, damit dein Publikum locker wird. Ich habe viele *presentations* erlebt - darunter auch welche der wichtigsten und erfolgreichsten Führungskräfte: Diejenigen, die mir am meisten im Gedächtnis geblieben sind, sind die, die ihre Zuhörer erst einmal zum Lachen gebracht haben. Bei meinen Kabarettauftritten habe ich gelernt, dass die Leute Ironie und Selbstironie sehr zu schätzen wissen.

Was dein Englisch betrifft, so drücke dich immer so einfach und umgangssprachlich wie möglich aus (dein Publikum wird dir sehr dankbar sein!).

Hier findest du ein paar Beispiele, wie du mit einem Scherz das Eis zum Schmelzen bringst. Sie stammen alle aus meiner Feder - du hast mein volles Einverständnis, sie anzuwenden.

- Hello everyone, my presentation today is clear and well organized. Unlike my English! (Hallo zusammen, meine Präsentation heute ist klar und gut organisiert ... im Gegensatz zu meinem Englisch!)
- If you have any questions, please ask at the end, I don't guarantee I can answer them, but ask anyway. (Wenn Sie irgendwelche Fragen haben, stellen Sie diese bitte am Ende. Ich garantiere nicht dafür, dass ich sie beantworten kann, aber fragen Sie trotzdem.)

Und wenn du mutig bist, dann ist das hier der Knüller:

- Somebody advised me to take a theatre course to improve my presentation skills so I did. The problem is it specialized in musicals... I don't think it helped much with my presentation, but I can sing you a song at the end. (Jemand hat mir dazu geraten, einen Theaterkurs zu belegen, um meine Präsentationen zu verbessern und das habe ich auch getan. Das Problem ist, dass es ein Musicalkurs war ... Ich glaube, er hat mir für meine Präsentation nicht viel gebracht, aber ich kann Ihnen am Ende ein Lied vorsingen.)

2 GOING **ABROAD**

2.1 BOOKINGS

Frisch gewagt ist halb gewonnen ...

Wenn du eine Reise ins Ausland vorhast, ist es sehr wichtig, dass deine Planung Hand und Fuß hat. Du musst die Grundlagen kennen, die für die Planung deiner Reise unerlässlich sind: zum Beispiel, wie du eine Unterkunft findest, Essen bestellst, es schaffst, dich nicht schlafend in einem Bus wiederzufinden. Du möchtest auch nicht einen Tisch im Raucherbereich eines Restaurants reservieren, obwohl du Rauch eigentlich nicht ausstehen kannst, oder eine romantische Reise machen und dann in einer Jugendherberge landen - in einem Schlafsaal mit 20 Stockbetten, du und deine bessere Hälfte ...

2.1.1 FLIGHTS

Wie du einen Flug buchst, zeigt das folgende fiktive Gespräch mit dem Angestellten einer Fluggesellschaft. Lies dir den Dialog aufmerksam durch!

Y = *you*
TA = *travel agency* (Reisebüro)

Y: Hello, I'd like to know if there are any flights to London this Tuesday.
Hallo, ich wüsste gerne, ob es diesen Dienstag Flüge nach London gibt.

TA: Yes, there is one at 10 a.m. and one at 3 p.m.
Ja, es gibt einen um 10 Uhr vormittags und einen um 15 Uhr.

Y: And how much are they?
Wie viel kosten sie?

TA: They both cost the same: 200 Euros one way or 300 Euros return (*or* round trip).
Sie kosten beide gleich viel: 200 Euro einfach oder 300 Euro hin und zurück.

Y: Okay, I'd like to book two seats on the 10 a.m. flight, please.
Okay, ich möchte bitte zwei Plätze für den Flug um 10.00 Uhr buchen.

TA: Sorry, but there are no seats available on that flight.
Es tut mir leid, aber es gibt keine freien Plätze für diesen Flug.

Y: So why did you mention it?! Ok, two tickets on the later flight.
Warum haben Sie ihn dann erwähnt? Okay, zwei Tickets für den späteren Flug.

TA: Hey, relax!
Hey, beruhigen Sie sich!

Y: YOU relax!
Beruhigen SIE sich!

TA: Thank you for choosing Hooligan Airlines.
Danke, dass Sie sich für Hooligan Airlines entschieden haben.

BY
Um auszudrücken, mit welchem Transportmittel man eine Reise antritt, benötigt man immer die Präposition *BY* + das Fahrzeug. *By car, by ship, by train...* (im Auto, mit dem Schiff, mit der Bahn).

2.1.2 TRAINS

Das folgende Gespräch zeigt, wie du eine Reise mit dem Zug buchen kannst: Stell dir vor, du brauchst eine Fahrkarte nach London:

Y = *you*
C = *clerk* (Angestellter)

Y: What time does the next train to London leave?
Um wie viel Uhr geht der nächste Zug nach London?

C: At 4 p.m., from platform 8.
Um 16 Uhr von Gleis 8.

Y: Is it a direct train to London?
Ist das ein direkter Zug nach London?

C: No, you have to change trains at Birmingham.
Nein, Sie müssen in Birmingham umsteigen.

Y: I see. One ticket to London, please.
Alles klar. Eine Fahrkarte nach London bitte.

C: One way or return, Sir?
Einfach oder hin und zurück?

Y: One way, please.
Einfach bitte.

C: 64 pounds, please.
64 Pfund bitte.

Y: Here you are.
Bitteschön.

2.1.3 HOTELS

Wenn du ein Hotelzimmer buchen möchtest, musst du dich wirklich gut darauf vorbereiten: Es kommt häufig vor, dass dich das Personal an der Rezeption durcheinanderbringt. Es gibt Leute, die nicht sehr freundlich sind oder die – anstatt dir zu helfen – versuchen, dich übers Ohr zu hauen! Deshalb findest du im Folgenden zwei Beispiele, die dir nützlich sein können.

Y = *you*
R = *receptionist*

Y: Hello, is this the King George Hotel?
Hallo, ist dort das King George Hotel?

R: Yes, Sir, how can I help you?
Ja, wie kann ich Ihnen helfen?

Y: I'd like to know if you have a double room available for one week from Friday the 13th to Friday the 20th.
Ich wüsste gerne, ob Sie für eine Woche, von Freitag, dem 13. bis Freitag, dem 20., ein freies Doppelzimmer haben.

R: Just a minute, let me check...
Einen Moment bitte, ich schaue nach ...

(PAUSE)

R: Yes, we do have a room available, Sir.
Ja, wir haben ein freies Zimmer.

Y: Great, and how much does it cost per night?
Super, und wie viel kostet es pro Nacht?

R: 200 pounds, Sir.
200 Pfund.

Y: Are you crazy?
Sind Sie verrückt?

R: You are German, aren't you?
Sie sind Deutscher, nicht wahr?

Y: Does the room have a shower or a bath tub/minibar/balcony?
Hat das Zimmer eine Dusche oder Badewanne/Minibar/Balkon?

R: It has a shower and a minibar, but no balcony.
Es hat eine Dusche und eine Minibar, aber keinen Balkon.

Jetzt kommt noch ein Beispiel für ein Telefongespräch, weil es manchmal besser ist, vor Reiseantritt ein Zimmer zu reservieren. So gehst du auf Nummer sicher, dass du keine böse Überraschung erlebst und vielleicht keinen Platz zum Schlafen findest!

R: Good afternoon, Sunny London Hotel. May I help you?
Guten Tag, Sunny London Hotel. Kann ich Ihnen helfen?

Y: Yes. I'd like to book a room, please.
Ja, ich würde gerne ein Zimmer reservieren.

R: Certainly. When for, madam?
Gerne. Für wann?

Y: From March the 23rd.
Vom 23. März.

R: How long will you be staying?
Wie lange werden Sie bleiben?

Y: Three nights.
Drei Nächte.

R: What kind of room would you like, madam?
Was für ein Zimmer möchten Sie gerne?

Y: Er... double with a bath tub, please.
Ähm ... ein Doppelzimmer mit Badewanne bitte.

R: Certainly, madam. I'll just check what we have available... Yes, we have a room on the 4th floor with a really splendid view.
Gerne. Ich schaue gerade nach, was frei ist ... Ja, wir haben ein Zimmer in der 4. Etage mit einer wirklich fantastischen Aussicht.

Y: Fine. How much does it cost per night?
Gut. Wie viel kostet es pro Nacht?

R: Would you like breakfast?
Möchten Sie gerne ein Frühstück haben?

Y: No, thanks.
Nein, danke.

R: It's 84 pounds per night, excluding VAT.
Es kostet 84 Pfund pro Nacht, ohne Mehrwertsteuer.

Y: That's fine.
Das ist in Ordnung.

R: Who's the booking for, please, madam?
Auf welchen Namen soll ich das Zimmer reservieren?

Y: HELBING, that's H-E-L-B-I-N-G.
HELBING, also H-E-L-B-I-N-G.

R: Okay, so, a double with bath tub for March the 23rd, 24th and 25th. Is that correct?
Okay, also ein Doppelzimmer mit Badewanne für den 23., 24. und 25. März. Richtig?

Y: Yes, it is. Thank you.
Ja, danke.

R: Let me give you your booking number. It's: 7576385. I'll repeat that: 7-5-7-6-3-8-5. Thank you for choosing Sunny London Hotel and have a nice day. Bye.
Ich gebe Ihnen Ihre Buchungsnummer: 7576385. Ich wiederhole: 7-5-7-6-3-8-5. Danke, dass Sie sich für das Sunny London Hotel entschieden haben. Ich wünsche Ihnen einen schönen Tag. Auf Wiederhören.

Y: Bye.
Auf Wiederhören.

2.1.4 RESTAURANTS

Und nachdem du dein Hotelzimmer reserviert und dir ein Dach über dem Kopf und ein bequemes Bett zum Ausruhen gesichert hast, kannst du in aller Ruhe daran denken, dir den Bauch vollzuschlagen ...

Y = *you*
MPP = *Mario's Pizza Palace*

Y: Hello? Is that Mario's Pizza Palace?
Hallo, ist dort Mario's Pizza Palace?

MPP: Yes, Sir, good evening.
Ja, guten Abend.

Y: Good evening. I'd like to book a table for one, please.
Guten Abend. Ich würde gerne einen Tisch für eine Person reservieren.

MPP: Certainly, Sir, for what time?
Gerne, um welche Uhrzeit?

Y: For 8 o'clock, please.
Um 20 Uhr bitte.

MPP: Ok, that's fine, and your name, please?
Okay, geht in Ordnung. Wie ist Ihr Name bitte?

Y: Popular, Mr Popular. That's P-O-P-U-L-A-R.
Popular, Herr P-O-P-U-L-A-R.

MPP: Ok, your table for one person will be ready at 8, Mr Popular.
Okay, Ihr Tisch für eine Person ist um 20 Uhr bereit, Herr Popular.

Y: Thank you. Bye.
Danke. Auf Wiederhören.

MPP: Bye, Sir.
Auf Wiederhören.

2.2 PLACES AND DIRECTIONS

2.2.1 WIE DU DEIN ZIEL ERREICHST

Wenn du im Ausland bist und dort an einen bestimmten Ort möchtest, kommt es mal vor, dass du nach dem Weg fragen und dich in die richtige Richtung weisen lassen musst. Das ist eine sehr gute Übung, mit der du deine Englischkenntnisse auf die Probe stellen kannst ...

M.U.Q.

More Useful Questions

Excuse me, where is the...?
Entschuldigen Sie, wo ist ...?

How far is the "x" from here...?
Wie weit ist „x" von hier entfernt ...?

At what time does the "x" open/close?
Um wie viel Uhr öffnet/schließt „x"?

T = *tourist*
P = *policeman*

T: Excuse me! Where is Buckingham Palace, please?/How do I get to Buckingham Palace, please?
Entschuldigung! Wo ist bitte der Buckingham Palace?/Wie komme ich bitte zum Buckingham Palace?

P: Go straight on, turn left at the traffic lights, straight on for about 50 metres, then turn right and you can't miss it.
Sie gehen geradeaus, biegen an der Ampel links ab, weiter ca. 50 Meter geradeaus, biegen dann rechts ab - und Sie können ihn nicht verfehlen.

So sieht es aus, wenn du anstelle eines Polizisten oder eines Beamten einen Passanten fragen musst.

GT = *German tourist*
E = *Englishman*

GT: Excuse me, where can I find a post office?
Entschuldigen Sie, wo finde ich bitte eine Post?

E: It is far from here; you need to take a bus.
Das ist weit von hier; Sie müssen einen Bus nehmen.

GT: Which bus and where can I take it?
Welchen Bus, und wo kann ich einsteigen?

E: The 33, the bus stop is at the end of the road.
Die Nummer 33, die Haltestelle ist am Ende der Straße.

GT: And how much is the ticket?
Und wie viel kostet die Fahrkarte?

E: About 1 pound.
Circa 1 Pfund.

GT: And where can I buy the ticket?
Und wo kann ich die Fahrkarte kaufen?

E: You pay on the bus.
Sie zahlen im Bus.

GT: Why?
Warum?

E: STOP! No more questions! I am very late for work!
STOP! Keine Fragen mehr! Ich komme viel zu spät zur Arbeit!

GT: What is your job?
Was arbeiten Sie?

E: AAaaaggrhhhhrr!
Das Beispiel, das du gerade gelesen hast, gibt eine Situation wieder, in der du dich vielleicht einmal wiederfindest; was du jetzt liest, ist dir aber garantiert schon mindestens einmal passiert. Vielleicht hast du es dir nicht nur anhören müssen, sondern auch schon selbst gesagt ...

GT: Excuse me, where can I find a post office?
Entschuldigung, wo finde ich eine Post?

E: Sorry, I'm not from around here.
Tut mir leid, ich bin nicht von hier.

PLACES

Postamt, Post	post office
Museum	museum
Bank	bank
Polizeirevier	police station
Krankenhaus	hospital
Apotheke	chemist's
Laden, Geschäft	shop
Restaurant	restaurant
Schule	school
Kirche	church
Bad, Toilette	bathroom
Straße	street
Platz	square
Berg	mountain
Hügel	hill
Tal	valley
See	lake
Fluss	river
Schwimmbad	swimming pool
Turm	tower
Brücke	bridge

ÜBERSETZE BITTE!

WORDS		VERBS	
second	zweite/r/s	to take	nehmen
until	bis	to turn	abbiegen
traffic lights	Ampel	to go straight on	geradeaus gehen/fahren
roundabout	Kreisverkehr		
first	erste/r/s	to drive	fahren

DIALOG ZWISCHEN EINEM DEUTSCHEN TOURISTEN UND EINEM ENGLÄNDER

DE: Entschuldigen Sie! Wo bitte ist der Buckingham Palace?

E: Von hier aus?

(Diese Frage verblüfft mich jedes Mal aufs Neue, aber in London stellt man sie tatsächlich; unglaublich ... Hüte dich, darauf zu antworten: ‚Nein, von meinem Haus in Stuttgart aus!!!'.)

DE: Ja, von hier aus.

E: Okay, Sie müssen geradeaus gehen, dann nehmen Sie die zweite Straße rechts, gehen geradeaus, bis Sie eine Ampel sehen; an der Ampel biegen Sie nach rechts ab und gehen dann geradeaus weiter, bis Sie an einen Kreisverkehr kommen. Von dort aus nehmen Sie die erste Straße links und fragen dann nochmals.

DE: Perfekt, danke!

Und sicher wirst du immer wieder auf einen netten älteren Herrn treffen, der dir antwortet:

It's where it has always been! Ah ah ah! Er ist dort, wo er schon immer gewesen ist! Ha ha ha!

Ich habe dich gewarnt.

2.3 TRAVEL

TAKE

Um anzugeben, wie lange eine Reise - egal ob sie kurz oder lang ist - dauert, brauchst du das Verb *TO TAKE*.

Man braucht eine Stunde nach London.
It takes one hour to get to London.
Der Flug hat zwei Stunden gedauert.
The flight took two hours.
Wir haben zwanzig Minuten gebraucht, bis wir ankamen.
We took twenty minutes to arrive.
Das Schiff hat zwei Wochen bis dorthin gebraucht.
The ship took two weeks to get here.

2.3.1 GEHEIMNISSE EINER REISE

ÜBERSETZE BITTE!

WORDS		VERBS	
air	Luft	to board	an Bord gehen
airport	Flughafen	to check in	einchecken

check-in	Check-in
flight	Flug
landing	Landung
plane	Flugzeug
destination	Ziel
journey	Reise
passenger	Passagier
route	Route
captain	(Flug)kapitän
crew	Bordpersonal
trip	Kurzreise
luggage	Gepäck
land	Land
bike	Fahrrad
bus	Bus
car	Auto
motorbike	Motorrad
train	Zug
motorway	Autobahn
train station	Bahnhof
underground/ tube	U-Bahn
road	Straße
traffic	Verkehr
traffic lights	Ampel
boat	Boot
coast	Küste
ferry	Fähre
port	Hafen
sea	Meer
ship	Schiff
on the road	unterwegs

to fly	fliegen
to land	landen
to take off	abheben
to travel	reisen
to stop	(an)halten

PHRASAL VERBS

to get ready	sich fertig machen
to get on	einsteigen
to get off	aussteigen, verlassen

DIE GUT AUSSEHENDEN MÄNNER VON BIRMINGHAM (ALICES TAGEBUCH)

Um sechs Uhr morgens machten wir uns fertig und riefen ein Taxi. Unterwegs war viel Verkehr und wir brauchten (it took us) zwanzig Minuten bis zum Bahnhof.

Wir holten unsere Fahrkarten, und 10 Minuten später kam der Zug. Der Zug hielt an sieben Bahnhöfen, bevor er im Hauptbahnhof ankam.

Von dort nahmen wir den Bus zum Flughafen.

Wir brauchten drei Minuten, um mit unserem ganzen Gepäck in den Bus einzusteigen.

Nach fünfunddreißig Minuten stiegen wir vor dem Flughafen aus dem Bus.

Der Check-in dauerte fünfzehn Minuten.

Unser Flugzeug landete um 11 Uhr in London.

In London nahmen wir die U-Bahn, um zum Hotel zu kommen. An der Rezeption sagte ich:

„Guten Morgen, haben Sie bitte ein Doppelzimmer?"

„Gewiss. Wie lange bleiben Sie?"

„Nur heute Nacht, danke."

„Okay, wir haben ein Zimmer mit Dusche für hundert Pfund pro Nacht."

„Okay, das ist in Ordnung, danke."

Am nächsten Tag nahmen wir einen Zug nach Birmingham.

Birmingham liegt im Zentrum Englands und ist berühmt für seine Männer, die alle sehr gut aussehen und intelligent sind ... und für seine phantastische Fußballmannschaft.

Nach dem Paradies Birmingham nahmen wir einen Zug an die Küste. Nächstes Ziel: Irland.

An der Küste nahmen wir eine Fähre nach Irland. Das Meer war ruhig und schön.

Am Hafen verließen wir die Fähre und liefen den ganzen Tag herum.

An diesem Abend kehrten wir nach Deutschland zurück, und ich schlief im Flugzeug und träumte dabei von den sehr gut aussehenden Männern von Birmingham.

2.4 EATING OUT

2.4.1 NICHT NUR PIZZA!

Wir Engländer sind ja dreier Dinge wegen auf der ganzen Welt bekannt:
The Beatles,
die gut aussehenden Männer von Birmingham,
unsere schmackhafte Küche.

Es ist also wirklich wichtig, richtig zu bestellen ...
So könnte ein Gespräch lauten, wenn ihr ein Restaurant betretet.

Y = *you*
P = *your partner*
W = *waiter* (Ober)

Y: Good evening, a table for two, please.
Guten Abend, einen Tisch für zwei Personen, bitte.
(oder, wenn du bereits reserviert hast: Good evening. I reserved a table for two, under the name MAIER/Guten Abend, ich habe einen Tisch für zwei Personen auf den Namen MAIER reserviert.)

W: Of course, I'll show you to your table.
Selbstverständlich, ich bringe Sie zu Ihrem Tisch.

W: Can I get you something to drink, while you read the menu?
Kann ich Ihnen etwas zu trinken bringen, während Sie die Speisekarte studieren?

Y: Yes, thank you. I'll have a glass of white wine.
Ja, bitte. Ich nehme ein Glas Weißwein.

W: Sweet or dry?
Lieblich oder trocken?

Y: Dry, thank you.
Trocken bitte.

P: And I'll just have a glass of mineral water, please.
Und für mich bitte nur ein Glas Mineralwasser.

W: Sparkling or still?
Mit oder ohne Kohlensäure?

P: Still, thank you.
Ohne bitte.

So, und jetzt könnt ihr bestellen ...

STARTER (Vorspeise)

W: What will you have for your starter, Sir?
Was möchten Sie als Vorspeise?

Y: I'll have the prawn cocktail, please.
Ich nehme bitte den Krabbencocktail.

P: Just a salad for me, please.
Für mich nur einen Salat bitte.

MAIN COURSE (Hauptgang)

W: And for your main course?
Und als Hauptgang?

Y: What do you recommend?
Was empfehlen Sie?

W: I recommend a different restaurant!
Ich empfehle Ihnen ein anderes Restaurant!

Y: Ah ah ah! No, but seriously...
Ha ha ha! Nein, Spaß beiseite ...

W: The fish, it is very fresh, today.
Der Fisch ist heute sehr frisch.

Y: Then I will have the fish and chips!
Dann nehme ich Fisch und Pommes frites!

W: Very good, Sir!
Sehr gut!

P: I'll have a steak with vegetables, please.
Ich nehme ein Steak mit Gemüse bitte.

W: Certainly, and how would you like your steak cooked? Rare, medium or well done?
Selbstverständlich, und wie möchten Sie Ihr Steak? Blutig, medium oder durchgebraten?

P: Rare, please.
Blutig bitte.

(Wir Engländer sagen auch bei Banalitäten häufig *please*. Wir benutzen dieses Wort bei jeder Bitte, um nicht unhöflich zu erscheinen.)

DESSERT (Dessert)

W: Dessert?
Ein Dessert?

Y: I'll have a slice of cheesecake.
Ich nehme ein Stück Käsekuchen.

P: And I'll have the apple pie with cream.
Und ich nehme den Apfelkuchen mit Sahne.

W: Enjoy your meal!
Guten Appetit!

ZUM SCHLUSS ...

Y: Excuse me, could I have the bill, please?
Entschuldigung, könnte ich bitte die Rechnung haben?

W: Certainly, Sir. How would you like to pay?
Selbstverständlich. Wie möchten Sie bezahlen?

Y: Credit card? Cash?
Kreditkarte? Bar?

W: That's fine.
Das ist in Ordnung.

Y: Could I have a receipt?
Könnte ich eine Quittung haben?

W: Certainly, Sir.
Selbstverständlich.

FOOD AND DRINK

Essen	food
Brot	bread
Kaffee	coffee
Tee	tea
Saft	juice
Salz	salt
Pfeffer	pepper
Rindfleisch	beef
Schweinefleisch	pork
Fisch	fish

Huhn	chicken
Gemüse	vegetables
Kartoffeln	potatoes
Karotten	carrots
Erbsen	peas
Pommes Frites	chips
Salat	salad
Obst	fruit
Apfel	apple
Orange	orange
Birne	pear
Ananas	pineapple
Erdbeere	strawberry
Banane	banana
Grapefruit	grapefruit
Wassermelone	watermelon
Melone	melon
Desserts	desserts
Eis	ice cream
Apfelkuchen	apple pie
Schokoladenkuchen	chocolate cake
Käsekuchen	cheesecake
Trifle	trifle
Nachtisch	pudding

3 REAL LIFE

Inzwischen kennst du ja die Tricks, die du bestimmt brauchst, um dein Englisch am Arbeitsplatz zu nutzen, und du kommst auch zurecht, wenn du für kurze Zeit - als Tourist - ins Ausland reist. Aber wärst du auch in der Lage, in all den Situationen zu kommunizieren, mit denen du tagtäglich konfrontiert bist? Wüsstest du, wie du eine Zeitung oder ein paar Socken kaufst? Könntest du einkaufen oder über das Wetter reden? Schauen wir mal ...

3.1 SHOPPING

Der Lieblingssport aller Frauen

In der Steinzeit gingen die Männer auf die Jagd, und die Frauen gingen in Gruppen Obst und Gemüse sammeln - und viele schöne Kleinigkeiten, mit denen sie die Höhlen schmückten. Daran hat sich seither nicht viel geändert. Eine Frau darf eigentlich niemals ihren Mann mitnehmen. Für alle Fälle schauen wir uns dennoch einmal an, wie die Geschäfte heißen und was man dort kaufen kann!

DIFFERENT SHOPS

chemist's - beim Apotheker

I buy my medicine at the chemist's. Ich kaufe meine Arznei beim Apotheker.

clothes shop - Bekleidungsgeschäft

My wife can walk around in the clothes shop for five hours and she doesn't get tired!

Meine Frau kann fünf Stunden lang in einem Bekleidungsgeschäft umherlaufen und wird nicht müde!

laundrette - Waschsalon
When the washing machine is broken, I have to wash my clothes in the local laundrette. Wenn meine Waschmaschine kaputt ist ist, muss ich meine Kleidung im Waschsalon um die Ecke waschen.

newsagent's - beim Zeitschriftenhändler
I buy my newspapers and sweets at the local newsagent's. Ich kaufe meine Zeitungen und Süßigkeiten beim Zeitschriftenhändler vor Ort.

hairdresser's - beim Frisör
My Mum goes to the hairdresser's every Saturday afternoon, so she looks nice in the evening. Meine Mutter geht jeden Samstagnachmittag zum Frisör; so sieht sie abends hübsch aus.

greengrocer's - Obst- und Gemüsehändler
I get my greens from the greengrocer's; they don't cost much, there. Ich kaufe mein Obst und Gemüse beim Obst- und Gemüsehändler; dort kostet es nicht viel.

post office - Post, Postamt
There are always many people waiting to send letters in the post office. Auf der Post warten immer viele Leute, die Briefe versenden wollen.

barber's - Herrenfrisör
I go to the barber's to talk about football and to have my hair cut. Ich gehe zum Frisör, um über Fußball zu reden und meine Haare schneiden zu lassen.

off license - Spirituosenladen
In the off license, you can buy beer all day! Im Spirituosenladen kann man den ganzen Tag Bier kaufen!

bookshop - Buchhandlung
I bought a book in the bookshop about how to have a nice garden with minimum effort. Ich habe im Buchladen ein Buch gekauft,

das erklärt, wie man mit minimalem Aufwand zu einem schönen Garten kommt.

hardware store - Baumarkt
I need to go to the hardware store to buy a drill. Ich muss in den Baumarkt gehen, um einen Bohrer zu kaufen.

general store - Gemischtwarenladen
The general store has practically everything! Im Gemischtwarenladen gibt es praktisch alles!

shoe shop - Schuhgeschäft
I have nothing to say about the shoe shop; it is a terrible place! Zum Schuhgeschäft habe ich nichts zu sagen: Es ist ein schrecklicher Ort!

sports shop - Sportgeschäft
I buy my trainers here. Ich kaufe meine Turnschuhe hier.

butcher's - beim Metzger
Every Friday I buy some steaks from the butcher's. Jeden Freitag kaufe ich beim Metzger Steaks ein.

baker's - beim Bäcker
I love the smell of fresh bread in the baker's! Ich liebe den Duft von frischem Brot beim Bäcker.

SHOPPING CENTRE (EINKAUFSZENTRUM)

WORDS

cash point	Bankomat
money	Geld
bank account	Bankkonto
shop	Laden, Geschäft
customer	Kunde
cashier	Kassierer

shop assistant	Verkäufer
till	Kasse
wallet	Brieftasche
purse	Portemonnaie (für Frauen)
shelf/shelves	Regal/e
trolley	Einkaufswagen
car park	Parkplatz
lift	Aufzug
bag	Tüte
changing room	Umkleideraum
cheque/check	Scheck
cash	Bargeld
coin	Münze
credit card	Kreditkarte
clothes	Kleidung
tear	Träne
by the time	bis
full	voll

VERBS

to withdraw	(Geld) abheben
to pay	(be)zahlen
to push	drücken
to fill	füllen
to empty	leeren

3.1.1 GROCERY

Wir kaufen im Lebensmittelgeschäft ein ...

ÜBERSETZE BITTE!

WORDS		VERBS	
supermarket	Supermarkt	to find	finden
since	seit	to laugh	lachen
shopping list	Einkaufsliste	to suffer	leiden
salad	Salat		
vegetables	Gemüse		
fruit	Obst		
apples	Äpfel		
bananas	Bananen		
the only thing	das Einzige		
food	Essen		
detergent	Putzmittel		
soap	Seife		
queue	(Kassen-)Schlange		
torture	Folter		
beef	Rindfleisch		
sausages	Wurst		
fish	Fisch		
cake	Kuchen		

GROCERY SHOPPING

Seit sie nachmittags *Dr. House* zeigen, muss ich die Einkäufe erledigen.
Ich nahm die Einkaufsliste und ging in den Supermarkt.
Ich schaute sie an, während ich den Einkaufswagen nahm. „Okay, als Erstes Salat, dann Gemüse."
Ich konnte das Obst nicht finden, also fragte ich einen anderen

Mann. Er lachte.
Als ich das Obst gefunden hatte, nahm ich zwei Äpfel und zwei Bananen.
Dann holte ich das Fleisch, das Rindfleisch, die Wurst und den Fisch.
Dann das Einzige, das mich interessierte: ein Kuchen.
Es stand kein Essen mehr auf der Liste.
Nun musste ich Putzmittel und Seife finden. Kein Problem.
Als der Einkaufswagen voll war, stand ich an der Kasse Schlange.
In Deutschland stehen die Leute nicht gerne in der Schlange.
Sie leiden sehr. Es ist eine Folter für sie.
Für mich ist Einkaufen Folter. Ich bin glücklich, wenn ich in der Schlange stehe, weil es dann vorbei ist.

WEARING

Der deutsche Satz ‚Ich trage ein Hemd' wird im Englischen mit *I am wearing a shirt* übersetzt. In diesem Kontext wird das Verb *TO WEAR* in der *progressive form* verwendet, auch wenn in Wahrheit keine Handlung abläuft!

3.1.2 CLOTHES

Kommen wir zur Garderobe ...

DRESSING	
clothes	Kleidung
lingerie	Unterwäsche
bikini	Bikini
socks	Strümpfe
blouse	Bluse

hat	Hut
shirt	Hemd
coat	Mantel
cardigan	Strickjacke
tights	Strumpfhose
suit	Anzug, Kostüm
tie	Krawatte
jacket	Jacke
skirt	Rock
jeans	Jeans
jumper	Pullover
T-shirt	T-Shirt
underpants	Unterhose
knickers	Schlüpfer
trousers	Hose
bra	BH
dress	Kleid
wardrobe mistress	Garderobiere
except	außer
ready	fertig
enormous	enorm

VERBS

to put on	anziehen
to take off	ausziehen
to wear	(Kleidung) tragen
to get dressed	sich anziehen
to get undressed	sich ausziehen
to try on	anprobieren
to decide	sich entschließen, entscheiden

EXAMPLES:

Jane is wearing a red hat. Jane trägt einen roten Hut.

He wore black trousers at the wedding. Er trug zur Hochzeit eine schwarze Hose.

I will wear my best shirt for the party. Ich werde mein bestes Hemd zum Fest anziehen.

John is putting on his shoes. John zieht gerade seine Schuhe an.

It was cold, so we put on our coats. Es war kalt, also zogen wir unsere Mäntel an.

They will put on their hats at the funeral. Sie werden zur Beerdigung ihre Hüte tragen.

Take off your tie! You're not in the office! Zieh deine Krawatte aus! Du bist nicht im Büro!

I will take off my shoes in the new house. Im neuen Haus werde ich meine Schuhe ausziehen.

I will be there in ten minutes. I am still getting dressed. Ich werde in zehn Minuten dort sein. Ich ziehe mich gerade noch an.

I got dressed in five minutes; she got dressed in thirty five minutes! Ich war in fünf Minuten angezogen; sie war in fünfunddreißig Minuten angezogen!

Will you get dressed to answer the door, please?! Ziehst du dich bitte an, damit du die Tür öffnen kannst?!

She tried on every pair of trousers in the shop! Sie hat sämtliche Hosen im Laden anprobiert!

I am trying on a new coat. Ich probiere gerade einen neuen Mantel an.

Will you try on this new shirt I bought for you? It might be too long. Probierst du dieses neue Hemd an, das ich für dich gekauft habe? Es ist vielleicht zu lang.

3.2 JOBS

Was möchtest du einmal werden?

Zuerst einmal möchte ich dir den Unterschied zwischen *work* und *job* erklären. *Job* bezieht sich auf deinen Aufgabenbereich – auf das, wofür du bezahlt wirst. Unter *work* versteht man dagegen die Arbeit, die du tust, das heißt, die Tätigkeit, der du bei der Ausübung deines *jobs* nachgehst.

EXAMPLES:
What do you do?
I am a policeman; that is my job.

What do you do in your job?
I work with other policemen to keep public order.

Bevor wir mit den einzelnen Jobs weitermachen, hier noch eine wichtige Sache:
Die englischen Berufsbezeichnungen beziehen sich in der Regel immer auf Männlein UND Weiblein, ein *doctor* kann also ein ‚Arzt' aber auch eine ‚Ärztin' sein. Der Vorname oder der Kontext geben dir genauere Auskunft, ob du es mit einer Frau oder einem Mann zu tun hast. Bei einigen Berufen aber gibt es für die einzelnen Geschlechter eigene Formen. So heißt der ‚Kellner' im Englischen *waiter* und die ‚Kellnerin' *waitress* – da hilft nur eins ... merken und abspeichern!

DIFFERENT JOBS
accountant – Buchhalter/in, Buchprüfer/in
An accountant sorts out my money and taxes. He works in an office. Ein Buchhalter kümmert sich um meine Finanzen und Steuern. Er arbeitet in einem Büro.

baker - Bäcker/in
A baker makes bread and we buy it in the morning. He works in a bakery. Ein Bäcker backt Brot, und wir kaufen es morgens. Er arbeitet in einer Bäckerei.

barman/barmaid - Barkeeper/in
A barman serves drinks in the pub. He is my hero! He works in a pub. Ein Barkeeper serviert Getränke im Pub - er ist mein Held! Er arbeitet in einem Pub.

builder - Maurer/in
A builder builds buildings and houses. He works on a building site. Ein Maurer baut Gebäude und Häuser. Er arbeitet auf einer Baustelle.

butcher - Metzger/in
A butcher prepares and sells meat. He works in a butcher's. Ein Metzger bereitet Fleisch zu und verkauft es. Er arbeitet in einer Metzgerei.

chef - Koch/Köchin
A chef prepares and cooks food. He works in a kitchen. Ein Koch bereitet Speisen zu und kocht diese. Er arbeitet in einer Küche.

cleaner - Raumpfleger/in
A cleaner cleans. He works in offices, bars and houses. Ein Raumpfleger macht sauber. Er arbeitet in Büros, Gaststätten und Häusern.

dentist - Zahnarzt/Zahnärztin
A dentist looks after people's teeth. He works in a dentist's. Ein Zahnarzt kümmert sich um die Zähne der Menschen. Er arbeitet in einer Zahnarztpraxis.

doctor - Arzt/Ärztin
A doctor looks after people's health. He works in a hospital or surgery. Ein Arzt kümmert sich um die Gesundheit der Menschen. Er arbeitet in einem Krankenhaus oder in einer Praxis.

fireman - Feuerwehrmann/Feuerwehrfrau
A fireman extinguishes fires. He works in a fire station and in buildings. Ein Feuerwehrmann löscht Brände. Er arbeitet in einer Feuerwache und in Gebäuden.

hairdresser - Frisör/in
A hairdresser cuts and styles people's hair. He works in a hairdresser's. Ein Frisör schneidet und frisiert die Haare der Menschen. Er arbeitet in einem Frisörsalon.

judge - Richter/in
A judge judges and sentences people. He works in a court. Ein Richter richtet über Personen und spricht Urteile. Er arbeitet an einem Gericht.

lawyer - Anwalt/Anwältin
A lawyer defends and prosecutes people. He works in a court and in his office. Ein Anwalt verteidigt und verfolgt Personen gerichtlich. Er arbeitet an einem Gericht oder in seiner Kanzlei.

nurse - Krankenschwester, Krankenpfleger/in
A nurse looks after patients. He works in a hospital. Ein Krankenpfleger kümmert sich um Patienten. Er arbeitet in einem Krankenhaus.

policeman, policewoman - Polizist/in
A policeman keeps public order. He works in the police station and in the city. Ein Polizist hält die öffentliche Ordnung aufrecht. Er arbeitet in einer Polizeiwache und in der Stadt.

plumber - Flaschner/in
A plumber sorts out problems with the water system. He works in all types of buildings. Ein Flaschner behebt Probleme an der Wasserinstallation. Er arbeitet in Gebäuden aller Art.

postman, postwoman - Postbote/Postbotin
A postman delivers letters. He works on the streets. Ein Postbote trägt Briefe aus. Er ist auf der Straße unterwegs.

receptionist - Rezeptionist/in
A receptionist receives visitors. He works at the reception of a hotel, office building etc. Ein Rezeptionist empfängt Besucher. Er arbeitet an der Rezeption eines Hotels, Bürogebäudes etc.

shop assistant - Verkäufer/in
A shop assistant sells products and helps customers. He works in a shop. Ein Verkäufer verkauft Produkte und hilft den Kunden. Er arbeitet in einem Laden.

secretary - Sekretär/in
A secretary sorts out appointments, meetings and writes e-mails. He works in an office. Ein Sekretär organisiert Termine und Sitzungen und schreibt E-Mails. Er arbeitet in einem Büro.

vet - Tierarzt/Tierärztin
A vet looks after animals. He works in a veterinary surgery. Ein Tierarzt kümmert sich um Tiere. Er arbeitet in einer Tierarztpraxis.

waiter/waitress - Kellner/in
A waiter takes orders and brings food. He works in restaurants. Ein Kellner nimmt Bestellungen auf und serviert das Essen. Er arbeitet in einem Restaurant.

ÜBERSETZE BITTE!

WORDS

letters	Briefe
good smell	Duft
newspaper	Zeitung
court	Gericht
stolen	gestohlen
understandable	verständlich
thief	Dieb
interview	Vorstellungsgespräch
system	Anlage
animal hospital	Tierklinik
quote	Angebot/ Kostenvoranschlag
sum	Betrag
immediately	sofort
pain	Schmerz(en)
compliment	Kompliment
to pay a compliment	ein Kompliment machen
in trouble	in Schwierigkeiten
fire	Feuer
hero	Held
stairs	Treppe
kind	freundlich
coward	Feigling
flames	Flammen
loser	Verlierer
tale	Erzählung

VERBS

to daydream	vor sich hinträumen
to start	beginnen
to pass	vorübergehen
to take on	aufnehmen
to introduce	einführen/vorstellen
to escape	fliehen/entkommen

A DAY OUT

Um sieben Uhr morgens kam der Postbote mit drei Briefen.
Sie waren alle für meine Frau.
Um halb acht ging ich beim Bäcker Brot holen. Ich liebe den Duft von Brot am Morgen.
Danach ging ich die Zeitung holen, aber als ich den Laden betrat, war die Verkäuferin nicht da.
Ich nahm eine Zeitung und ging hinaus, als ich einen Polizisten sah.
In diesem Moment begann ich, vor mich hinzuträumen.
Ich war im Gericht, mein Anwalt zeigte dem Richter die gestohlene Zeitung, und ich stand zwischen zwei Polizisten.
Dann sprach mein Buchhalter. ‚Vielleicht denken Sie, es sei dumm, eine Zeitung, die nur ein Pfund kostet, zu stehlen, aber es ist verständlich, weil er kein Geld mehr hat! Und warum hat er kein Geld? Weil er Arbeit braucht. Und warum hat er keine Arbeit?'.
‚Weil er ein Dieb ist!' rief der Richter.
Ich beschloss, die Zeitung zu bezahlen.
Um ein Uhr nachmittags hatte ich ein Vorstellungsgespräch für eine neue Stelle, ich ging also zum Frisör.
Ja! Es dauert zwei Stunden, meine Haare zu richten.
Auf dem Weg zum Frisör sah ich einige Maurer auf einer Baustelle, und ich fragte sie, was sie bauten.

‚Eine Tierklinik', sagte ein Maurer.
‚Und was machen Sie?', fragte ich.
‚Ich bin Flaschner', sagte er, ‚ich bringe die Wasserinstallation in Ordnung.'
Nach zwanzig Minuten bekam ich Zahnschmerzen, also ging ich zum Zahnarzt, um mir einen Kostenvoranschlag machen zu lassen. Er nannte mir den Betrag, und der Schmerz verging sofort.
Nach dem Frisör war es Zeit fürs Mittagessen, und ich ging auf ein schnelles Bier ins Pub und dann ins Restaurant.
Der Kellner brachte mir einen Teller Pasta und machte mir Komplimente über meine Haare.
Danach machte ich dem Koch Komplimente und ging zu meinem Vorstellungsgespräch.
Während ich das Gebäude betrat, in dem mein Vorstellungsgespräch stattfand, ging eine SMS ein. Es war mein Buchhalter.
‚Wenn sie dich nicht einstellen, steckst du in Schwierigkeiten!'
An der Rezeption gab ich meinen Namen an, und die Sekretärin des Chefs kam, um mich abzuholen.
Im Büro des Chefs stellte ich mich vor, und er machte mir Komplimente über meine Haare.
Ich sprach gerade mit dem Chef, als ich eine Frau „Feuer!" rufen hörte.
Der Chef rief die Feuerwehr und ich versuchte, ein Held zu sein und floh.
Während ich die Treppen hinunterrannte, stürzte ich.
Im Krankenhaus brachte mir die Krankenschwester eine Zeitung. Sie war sehr freundlich.
Unglaublich: Ich war auf der Titelseite!
‚Feigling bricht sich ein Bein, während er aus einem brennenden Gebäude flieht!'
Der Arzt sagte, ich müsse vier Tage dort bleiben.
Danach kam die Putzfrau.

‚Sie sind ein Loser!' sagte sie.
‚Es brannte!' antwortete ich.
‚Nicht weil Sie geflohen sind!', sagte sie. ‚Weil Sie es nicht geschafft haben, den Metzger in dieser blöden Erzählung unterzubringen!'

3.3 MONEY

Andere Länder, anderes Geld.

Hast du erst einmal den richtigen Laden gefunden, in dem du Obst, Gemüse, Hosen oder ein paar Schuhe kaufen kannst, dann brauchst du selbstverständlich auch Geld!

€

cents	Cent
euro	Euro

ENGLISCHES GELD

pence	Pence
pound	Pfund (100 Pence)

AMERIKANISCHES GELD

cents	Cent
dollar	Dollar (100 Cent)

ABOUT MONEY

account - Konto
I have nothing in my bank account. Ich habe nichts auf meinem Bankkonto.

bank - Bank
The bank opens at five. Die Bank öffnet um fünf.

banknote - Banknote, Geldschein
I keep my banknotes in my wallet. Ich habe meine Geldscheine in meiner Brieftasche.

cash - bar
I always pay in cash. Ich zahle immer bar.

change - Wechselgeld
I gave the shop assistant one pound for the chewing gum and she only gave me four pence change! Ich habe der Kassiererin ein Pfund für den Kaugummi gegeben, und sie hat mir nur vier Pence Wechselgeld gegeben!

cheque (UK) ODER check (US) - Scheck
I will write a cheque/check for the new car. Ich werde einen Scheck für das neue Auto ausstellen.

cheque book (UK) ODER check book (US) - Scheckheft
I need a new cheque/check book; is the bank open? Ich brauche ein neues Scheckheft. Ist die Bank geöffnet?

credit card - Kreditkarte
I need to cancel my credit card; I can't find it! Ich muss meine Kreditkarte sperren lassen, ich finde sie nicht!

cash point - Bankomat
Is there a cash point near the hotel? Gibt es in der Nähe des Hotels einen Bankomaten?

coin - Münze
Every English coin has the Queen's head on it. Auf jeder englischen Münze ist der Kopf der Königin abgebildet.

PIN number - PIN-Nummer
I can never remember my PIN number!
Ich kann mir meine PIN-Nummer nie merken!

Wie wird das Wetter?

Wenn du jetzt eine neue Tasche und neue Schuhe gekauft hast und vielleicht auch beim Frisör warst, musst du dich aber auch informieren, wie das Wetter wird. Nicht, dass du so mir nichts dir nichts von einem Wolkenbruch überrascht wirst ...

Was ist noch schlechter berechenbar als eine Frau? Das Wetter in Großbritannien. Stimmt!

3.4 WEATHER

DAS WETTER

Im Englischen brauchst du immer ein *it*, wenn es um das Wetter geht.

it's raining, it's snowing, it's sunny;
it rained, it snowed, it was sunny;
it will rain, it will snow, it will be sunny.

ÜBERSETZE BITTE!

WORDS		DIE TEMPERATUR	
cloud	Wolke	chilly	kühl/frisch
cloudy	bewölkt	cold	kalt
damp	feucht	freezing	eiskalt/frostig
fog	Nebel	hot	heiß
foggy	neblig	warm	warm
rain	Regen	very warm	sehr warm
rainy	regnerisch		
snow	Schnee		
snowy	verschneit/ schneebedeckt		
storm	Sturm/Gewitter		
stormy	stürmisch	thunder	Donner
sun	Sonne	wind	Wind
sunny	sonnig	windy	windig

EIN WOCHENENDE IN GROSSBRITANNIEN

Das Wetter in Großbritannien ist wirklich verrückt!
Wir kamen in London an, und es war sehr bewölkt und kühl.
Den berühmten Londoner Nebel gab es nicht.
Nur dreißig Minuten später regnete es, und wir hatten keinen Regenschirm!
Es war aber kein Problem, weil fünf Minuten später die Sonne am Himmel stand.
Zwei Stunden später waren wir in Manchester, und es war verschneit.
Am Tag darauf fuhren wir nach Schottland, und dort war es sehr kalt.
Wir schliefen in den Bergen, und in jener Nacht gab es einen Schneesturm.
Am Tag darauf war es draußen wunderschön. Alle Bäume waren schneebedeckt, und es war warm. Nach dem Mittagessen kam ein unglaublicher Wind auf, und wir sahen, dass die Bäume wieder grün waren.
Wir haben alle vier Jahreszeiten in zwei Tagen erlebt (to see)!

3.5 PLACES

Wohin gehst du?

Du bist jetzt in der Lage, dich frei zu bewegen, neue Kleider, Schuhe und Essen zu kaufen, dich nach dem Wetter zu erkundigen, und du kannst auch durch die Stadt spazieren ... aber wohin denn?

ÜBERSETZE BITTE!

WORDS

car park	Parkplatz	river	Fluss
castle	Schloss	sea	Meer
cathedral	Kathedrale	seaside	(Meeres)küste
church	Kirche	shore	Küste, Ufer
park	Park	stream	Bach
railway station	Bahnhof	woods	Wald
town hall	Rathaus	near	nahe bei
city	Stadt	waves	Wellen
capital	Hauptstadt	so much	so viel
village	Dorf	noise	Lärm
centre	Zentrum	milk	Milch
city centre	Stadtzentrum	cheese	Käse
suburbs	Stadtrand/ Vororte	blackberry	Brombeere
beach	Strand	vast	riesig
cliff	Klippe	at least	mindestens
coast	Küste	difficult	schwierig
countryside	Land	historic	historisch
forest	Wald	soul	Seele
hill	Hügel	sometimes	manchmal
lake	See		

VERBS

to live	leben/wohnen
to wash	waschen
to win	gewinnen

to flow	fließen
to pick	pflücken

NEAR MY HEART

In England lebe ich auf dem Land.
In der Nähe meines Hauses gibt es einen Bach, wo ich mich jeden Morgen wasche.
Wenn du dem Bach folgst, kommst zu einem Fluss. Der Fluss fließt durch einen Wald und erreicht das Meer.
Ich gehe gerne ans Meer. Ich liebe es, mit meiner Frau an der Küste entlang zu gehen.
Die Wellen machen so viel Lärm, dass ich ihre Stimme nicht höre. Es ist wunderschön.
Wenn du vom Strand nach oben schaust, kannst du das alte Schloss auf dem Hügel sehen.
In der Nähe des Strandes liegt ein kleines Dorf.
Es gibt dort Wälder, in denen ich Brombeeren pflücke.
Als Kind liebte ich es, das Meer zu beobachten - so groß, so riesig.
In Mailand wohne ich am Stadtrand, aber ich arbeite im Stadtzentrum.
Vor meinem Büro befindet sich das Rathaus.
Von meinem Fenster aus kann ich nur Autos und Chaos sehen, aber wenigstens gibt es in der Nähe meines Hauses einen Park.
In Mailand ist es schwer, einen Parkplatz zu finden, also fahre ich mit der Straßenbahn zur Arbeit.
Mailand ist eine wichtige Stadt in Italien, aber die Hauptstadt ist Rom.
Rom ist eine historische Stadt, weil Liverpool dort den Champions Cup gewonnen hat.
Ich liebe Italien, aber ich sage zu meinen Freunden, die in Mailand leben, immer: ‚Geht ab und zu aufs Land. Ohne euren PC, ohne euer Handy, und lebt ein wenig mit eurer Seele. Nur ein Wochenende lang'.
Aber sie haben nie Zeit dafür.

VERBS

2

1 ANGLO SAXON VERBS

Wusstest du, dass *to get, to set, to let, to keep, to put* die wichtigsten Verben im Englischen sind? Das sind wahre Tausendsassas. Ohne diese phraseologischen Verben, die zur *Anglo-Saxon family* gehören, läuft nichts. Dank einiger kleiner Tricks, die ich dir zeigen werde, wirst du sie sicherlich besser verstehen.

1.1 TO GET

Hier ist das erste Verb der Anglo-Saxon family, die für die Engländer eine Gruppe grundlegender Verben ist.

TO GET **unregelmäßig ⟶** to get-got-got

TO GET bezeichnet vor allem den Wechsel eines Zustandes – also den Übergang von einer Situation zu einer anderen.

to get washed	(schmutzig sein und stinken und dann sauber werden)
to get into trouble	(alles ist in Ordnung und dann gerätst du in Schwierigkeiten)
to get busy	(nichts zu tun haben und danach beschäftigt sein)

Dieses Verb hat auch noch eine ganze Reihe weiterer Bedeutungen, die wir uns einmal anschauen.

A. TO GET im Sinne von **ERREICHEN**

Da es sich hier um eine Bewegung handelt, ist die Präposition to unverzichtbar.

If I can get to her heart, I can make her happy.
Wenn ich ihr Herz erreiche, kann ich sie glücklich machen.

Birmingham City have got to the final of the Champions League again!
Birmingham City hat erneut das Finale der Champions League erreicht!

Taxi driver: Where do you want to get to?
Taxifahrer: Wohin möchten Sie fahren?

B. TO GET im Sinne von **SICH ETWAS EINFANGEN**

Ich weiß, dass "sich etwas einfangen" nicht gerade gutes Deutsch ist, aber es ist nun mal die genaue Übersetzung von to get in diesem Kontext; man könnte auch sagen "etwas unfreiwillig nehmen oder bekommen".

He didn't put on his jacket, and now he has got a cough.
Er hat seine Jacke nicht angezogen, und jetzt hat er Husten.

She got me in the pub!
Sie hat mich im Pub erwischt!

He got arrested in January, and yesterday he got 5 years in prison.
Er wurde im Januar verhaftet, und gestern hat man ihm fünf Jahre Gefängnis aufgebrummt.

C. TO GET im Sinne von **ERHALTEN/BEKOMMEN/ERZIELEN**

If you get the manager's job, you'll get 5,000 euro a month!
Wenn du den Managerposten bekommst, verdienst du 5.000 Euro im Monat!

What do you think you'll get for Christmas?
Was wirst du deiner Meinung nach zu Weihnachten bekommen?

He always got what he wanted.
Er bekam immer was er wollte.

D. TO GET um eine **VERÄNDERUNG** bei einer **PERSON oder einer SACHE** zu bezeichnen

Dieser Fall ist ein bisschen komplizierter als die anderen. To get in der Bedeutung "von einem Zustand in den anderen" funktioniert so:

Verben:

to borrow
(aus)leihen
to borrow-borrowed-borrowed

to lend
(ver)leihen
to lend-lent-lent

Auf Deutsch:

Johannes: Kann ich mir dein Auto leihen?
Tom: Okay, aber mach's nicht schmutzig.

Auf Englisch:

Johannes: Can I borrow your car?
Tom: Ok, but don't GET IT DIRTY.

More...

If you get her drunk, she'll dance with you.
Wenn du sie betrunken machst (vom nüchternen in den betrunkenen Zustand bringst), wird sie mit dir tanzen.

Get the baby to bed, then get the car washed!
Leg das Baby schlafen und wasch dann das Auto!

Get it sorted out!
Bring es in Ordnung!

E. TO GET im Sinne von **VERSTEHEN**

Der einzige Unterschied zwischen understand und get besteht darin, dass das erste mehr auf die Sprache bezogen ist.

I don't understand Russian.
Ich verstehe kein Russisch (die russische Sprache).

To get bezieht sich auf das Verstehen eines Gedankens. Du verwendest es, wenn du zwar die Worte verstehst, aber nicht den Gedanken, die Motivation, die dahintersteckt...

She wants to marry Jake. She always said she hated him. I don't get it. Did he get rich?
Sie möchte Jake heiraten. Sie hat immer gesagt, sie hasse ihn. Ich verstehe das nicht. Ist er reich geworden?

I explained why she shouldn't take that job, but she took it anyway. I don't get it.
Ich habe erklärt, warum sie diese Stelle nicht annehmen sollte, aber sie nahm sie trotzdem. Ich verstehe das nicht.

You only love me when I'm asleep? I don't get what you mean.
Du liebst mich nur, wenn ich schlafe? Ich verstehe nicht, was du meinst.

Magic word: MEAN

1. **MEAN** im Sinne von meinen

TO MEAN
meinen ⟶ to mean-meant-meant

What do you mean?
Was meinst du?

Do you mean I can come?
Meinst du, ich kann kommen?

I don't get what you mean.
Ich verstehe nicht, was du meinst.

2. **MEAN** im Sinne von ernst meinen

I truly love you Barbara, I mean it.
Ich liebe dich wirklich, Barbara, ich meine es ernst.

When I said I would never leave you, I meant it.
Als ich sagte, ich würde dich niemals verlassen, meinte ich es ernst.

3. **MEAN (Adjektiv)** im Sinne von geizig/knausrig (USA: stingy)

He is rich, but he pays very little; he's so mean.
Er ist reich, aber er zahlt sehr wenig; er ist so knausrig.

People from Scotland are not mean; they have no money to be mean with!
Die Schotten sind nicht geizig; sie haben kein Geld, um geizig zu sein!

Give me a sweet, come on! Don't be so mean.
Gib mir ein Bonbon, komm schon! Sei nicht so knausrig!

Schau dir jetzt bitte diese Beispiele an, übersetze sie und versuche zu sagen, in welchem Sinne GET in den Übungssätzen verwendet wird.

He couldn't get the job. (Antwort: GET im Sinne von ERHALTEN/BEKOMMEN)
The baby is getting tired. (Antwort: GET als VERÄNDERUNG)

1.2 TO SET

Hier nun das zweite Verb, das wir uns zusammen anschauen:

TO SET **unregelmäßig** ⟶ to set-set-set

TO SET bezeichnet hauptsächlich etwas, das eingestellt oder befestigt wird. Dieses Verb hat jedoch ganz viele Bedeutungen, die bei einem Gespräch sehr nützlich sind:

A. TO SET im Sinne von **AUFSTELLEN**

Dieses Verb gibt insbesondere an, wenn etwas in eine besondere bzw. die geeignetste Position gebracht wird.

He set the trap to catch the rat.
Er hat die Rattenfalle aufgestellt.

He set the ladder against the wall, so that he could clean the window.
Er hat die Leiter gegen die Wand gelehnt, damit er das Fenster putzen konnte.

B. TO SET im Sinne von **(EIN-)RICHTEN, IN ORDNUNG BRINGEN**

The doctor set the bone in my arm, after I broke it.
Der Arzt hat den Knochen in meinem Arm gerichtet, nachdem ich ihn gebrochen hatte.

C. TO SET im Sinne von **FESTLEGEN, FESTSETZEN**

We have set the price of our house at £230,000.
Wir haben den Preis für unser Haus auf £230.000 festgesetzt.

Have Karl and Jane set a date for their wedding yet?
Haben Karl und Jane schon einen Termin für ihre Hochzeit festgelegt?

The interview has been set for 10 a.m. tomorrow.
Das Interview ist für morgen Vormittag um 10 Uhr angesetzt.

D. TO SET im Sinne von **(EIN-)STELLEN**

Diese Bedeutung bezieht sich auf das Einstellen der richtigen Zeit an einer Uhr oder dem Wecker, der manchmal einfach nicht klingeln will. Auch andere Elektronikgeräte wie der PC, der Ofen, ein Timer, die Alarmanlage ... werden eingestellt.

The power is back on, can you set the time on the clock, please?
Der Strom ist wieder da, kannst du bitte die Uhr stellen?

What time are you setting the alarm for?
Auf wie viel Uhr stellst du den Wecker?

Remember to set the alarm in the car!
Denk daran, die Alarmanlage im Auto einzuschalten!

E. TO SET im Sinne von UNTERGEHEN

The sun always sets in the west.
Die Sonne geht immer im Westen unter.

ÜBERSETZE BITTE!

Hier habe ich eine nette Übung für dich, in der du unter Beweis stellen kannst, dass du die Verben to get und to set verstanden hast.

Words you will need

deine Meinung ändern	to change your mind
zu verkaufen	for sale
etwas schaffen (in diesem Kontext)	to manage
*****	*****

URLAUB IN TUNESIEN

Als ich mit Concy (C) durch die Wüste lief, hielt uns ein Bauer (B) an.
B: Hey!
J: Was?
B: Ich gebe dir zehn camels für deine Frau.
J: Ich rauche nicht.
B: Nein, zehn echte Kamele!
J: Das scheint mir zu viel. Gib mir drei.
B: Okay, drei!
J: Nein, ich will sie nicht.
C: Hey... Ich wollte dir gerade etwas Furchtbares sagen.
B: Warum hast du deine Meinung geändert?
J: Wie soll ich es schaffen, sie nach Hause zu bringen?

B: Okay, richtig... Dann werde ich dir etwas Magisches geben, lass uns eine Verabredung treffen... Komm morgen wieder, wenn die Sonne untergeht.
C: Endlich ein "set"!
(bei Sonnenuntergang)
J: Und nun?
B: Bist du alleine?
J: Ja, Concy sagte mir, du wärest verrückt.
B: Ich bin es immer noch!
(Der Bauer zeigt ihm die Uhr)
J: Was ist das?
B: Es ist eine magische Uhr... Du kannst die Uhrzeit einstellen, und sie weckt dich, wenn du den magischen Alarm einstellst.
J: Das ist nicht magisch!
B: Dann erfinde du etwas!
J: Okay, reg dich nicht auf!
B: Was muss ich bezahlen, um Concy zu bekommen?
J: Nichts.
B: Gut, wir haben einen Preis festgelegt!
J: Nichts, denn sie ist nicht zu verkaufen. Ich bin nur gekommen, um dir zu sagen, dass du verrückt bist, Mann. Concy gehört mir und ich würde sie um keinen Preis verkaufen.
B: Geh fort!
(John geht)
(Concy kommt hinter einem Vorhang vor)
C: Also? Für wie viel hat dieser ***** mich verkauft?
B: Nichts.
C: Nichts?! Ich bringe ihn um!
B: Heh heh heh...
C: Geh weg!!
B: Aber das ist mein Haus.
C: Wen interessiert das? Geh weg!
(Der Bauer geht weg)

1.3 TO LET

Hier nun das dritte, ebenfalls unregelmäßige Verb, das ich nochmals aufgreife.

TO LET **unregelmäßig** ⟶ to let-let-let

TO LET verwendet man oft, um "jemandem eine Erlaubnis für etwas zu erteilen" - aber nicht nur hierfür. Schauen wir es an:

A. TO LET im Sinne von **ERLAUBEN, JEMANDEN ETWAS TUN LASSEN**

Dieses Verb bedeutet eigentlich, jemandem etwas zu erlauben, to allow someone to do something.

My mum used to let me play with my friends until late.
Meine Mutter ließ mich bis spät mit meinen Freunden spielen.

The teacher said that if we behave, he'll let us use our cell phones during the last hour.
Der Lehrer sagte, wenn wir uns gut benähmen, würde er uns in der letzten Stunde unsere Handys benutzen lassen.

The policeman let the man go.
Der Polizist ließ den Mann gehen.

B. TO LET im Sinne von **LASSEN/LASS MICH/LASS UNS...**

Let us know when you arrive.
Lass uns wissen, wann du ankommst.

Let me in!
Lass mich rein!

Let me into your heart.
Lass mich in dein Herz hinein.

Let me see your new watch.
Lass mich deine neue Uhr (an-)sehen.

C. TO LET im Sinne von **VERMIETEN**

TO LET sagst du, wenn du dein Haus an jemanden vermietest, when you are renting your house to someone.

When I came to Italy, I let my house in England to a friend.
Als ich nach Italien kam, habe ich mein Haus in England an einen Freund vermietet.

D. TO LET als **AUFFORDERUNG**

Let's go to the cinema.
Gehen wir ins Kino.

Let's stay in a hotel for tonight.
Lass uns heute Nacht in einem Hotel verbringen/bleiben.

Let's go to sleep early tonight because tomorrow it's going to rain.
Lass uns heute Nacht früh ins Bett gehen, weil es morgen regnen wird.

1.4 TO KEEP

Und hier das vierte unregelmäßige Verb:

TO KEEP
unregelmäßig ⟶ to keep-kept-kept

Wie TO LET hat auch TO KEEP eine Reihe von Bedeutungen, die in der Regel dazu dienen, eine Vorstellung auszudrücken. In diesem Fall ist es die Vorstellung, etwas zu schützen, oder etwas aufzubewahren. Du kannst dieses Verb in unterschiedlichem Kontext gebrauchen - zum Beispiel in Verbindung mit Speisen, Versprechen, Gegenständen, Geld, Daten und Informationen.

A. TO KEEP im Sinne von **AUFBEWAHREN, SICH HALTEN (LEBENSMITTEL)**

Put the ham in the fridge, it will keep better in there.
Leg den Schinken in den Kühlschrank, dort hält er sich besser.

We kept the bread in the freezer; it can keep forever in there
Wir bewahrten das Brot im Gefrierschrank auf; dort hält es sich ewig.

The steak won't keep in the garden under the sun!
Das Steak wird sich im Garten in der Sonne nicht halten!

B. TO KEEP in Verbindung mit **PROMISES AND SECRETS (VERSPRECHEN UND GEHEIMNISSE) HALTEN, FÜR SICH BEHALTEN**

You should never trust a drunk man; he will never keep his promises, and he's sure to break your heart.
Du solltest niemals einem betrunkenen Mann vertrauen; er wird seine Versprechen nie halten, und er wird dir mit Sicherheit das Herz brechen.

Can you keep a secret?
Kannst du ein Geheimnis für dich behalten?

Never make promises you can't keep!
Versprich nie etwas, das du nicht halten kannst!

C. TO KEEP im Sinne von (BE-)HALTEN **OBJECTS AND ANIMALS (GEGENSTÄNDE UND TIERE)**

Even though these new shoes have a mark on them, I think I'll keep them.
Ich denke, ich werde diese neuen Schuhe behalten, auch wenn sie einen Kratzer haben.

Even though my new puppy is eating my house, I think I'll keep her.
Ich denke, ich werde meinen neuen Welpen behalten, auch wenn er mein ganzes Haus anknabbert.

... wait a minute... das sind die Beispiele für Gegenstände und Tiere, und damit ist es gut!

I keep a photo of Concy in my wallet. It reminds me to stay out.
Ich habe ein Foto von Concy in meiner Brieftasche. Es erinnert mich daran, wegzubleiben.

D. TO KEEP im Sinne von **MONEY** (GELD) **AUFBEWAHREN, BEHALTEN**

You shouldn't spend all your money at once, you should keep some for a rainy day.
Du solltest nicht dein ganzes Geld auf einmal ausgeben, du solltest etwas für schlechte Zeiten zurücklegen.

I keep my money in a sock under the bed.
Ich bewahre mein Geld in einem Strumpf unter dem Bett auf.

Shopkeeper: That will be £18, Sir.
Ladenbesitzer: Das macht £ 18.

Customer: Here's £20, keep the change!
Kunde: Hier sind £ 20, behalten Sie den Rest!

E. TO KEEP im Sinne von **FÜHREN/AUFBEWAHREN RECORDS/ FILES (VERMERKE/DOKUMENTENARCHIVE)**

I always try to keep a record of what my wife spends.
Ich versuche immer, über die Ausgaben meiner Frau Buch zu führen.

Keep your agenda handy.
Halte deine Tagesordnung griffbereit.

I kept all the records of my last company.
Ich habe alle Aufzeichnungen meiner letzten Firma aufgehoben.

F. TO KEEP im Sinne von **HALTEN TEMPERATURE (RAUMTEMPERATUR)**

It's hard to keep the house warm in the winter.
Es ist schwierig, das Haus im Winter warmzuhalten.

With medicine we can keep his temperature down.
Mit Medikamenten können wir seine Temperatur niedrig halten.

You must keep the fridge at 10 degrees.
Du musst die Kühlschranktemperatur konstant auf 10 Grad halten.

G. TO KEEP im Sinne von **VERSORGEN, UNTERHALTEN**

I have to work hard to keep my family.
Ich muss hart arbeiten, um meine Familie zu ernähren.

I have to work hard to keep my new puppy.
Ich muss für den Unterhalt meiner neuen Welpe hart arbeiten.

Sam is so lazy, he doesn't even keep his feet clean.
Sam ist so faul, dass er nicht einmal seine Füße sauberhält.

H. TO KEEP im Sinne von **TIERE HALTEN, ZÜCHTEN**

They keep many animals on their farm.
Sie halten viele Tiere auf ihrem Bauernhof.

The room is too small to keep chickens.
Der Platz ist zu klein, um Hühner zu halten.

She keeps bees.
Sie züchtet Bienen.

I. TO KEEP im Sinne von **ETWAS WEITERHIN TUN**

In diesem Fall folgt das Gerundium auf keep:

to keep + VERB -ING

Despite a terrible cramp, he kept running to the end.
Trotz eines fürchterlichen Krampfes lief er bis zum Schluss weiter.

Even after she left him, he kept calling her every night.
Selbst nachdem sie ihn verlassen hatte, rief er sie weiterhin jeden Abend an.

Grandpa keeps on jumping on the bed.
Opa hüpft weiterhin auf dem Bett.

ÜBERSETZE BITTE!

Jetzt bist du an der Reihe...

Words you will need

Tiger	tiger
färben	to dye
Rathaus	town hall
Grad	degrees

IM RATHAUS IN TÜBINGEN

Paul (P) begibt sich ins Rathaus und beginnt ein Gespräch mit dem Typen hinter dem Tresen (THT):

P: Guten Tag.

THT: Guten Tag.

P: Ich möchte gerne Tiger in meinem Garten halten.

THT: Ich kann Ihnen nicht erlauben, Tiger in Ihrem Garten zu halten.

P: Warum?

THT: Weil dann jeder in seinem Garten Tiger halten möchte, wenn ich Ihnen das erlaube.

P: Also?

THT: Nein!

P: Nun kommen Sie... es wäre unser kleines Geheimnis.

THT: Ich kann kein Geheimnis für mich behalten.

P: Ach nein? Wo bewahren Sie ihr Geld auf?

THT: Unter dem Bett... Oh neeein!!!

P: Okay, Sie lassen mich also meine Tiger halten, oder ich werde allen sagen, wo Sie Ihr Geld aufbewahren.

THT: Aber glauben Sie (wirklich), dass es niemand bemerken würde, wenn ich Sie Tiger halten ließe?

P: Ja..., denn ich werde sie schwarz färben... so werden die Leute denken, es seien nur riesige Katzen.

THT: Könnten Sie mich bitte in Ruhe arbeiten lassen?

P: Nein, ich werde Sie so lange fragen, bis Sie ja sagen... kann ich Tiger halten?
THT: Ich weiß nicht... was werden Sie dazu brauchen?
P: Ich werde große Lampen installieren müssen, um die Temperatur auf 40 Grad zu halten... es sind Indische Tiger.
THT: Wo sind sie jetzt?
P: Im Auto, hier vor dem Rathaus... aber keine Sorge - ich habe die Heizung eingeschaltet.
THT: Was? Aber Sie sind ein Verrückter! Sie können auf gar keinen Fall hier vor dem Haus parken!

1.5 TO PUT

Jetzt wiederholen wir das fünfte Verb, das ebenfalls unregelmäßig ist:

TO PUT **unregelmäßig** ⟶ to put-put-put

Wie TO LET und TO KEEP drückt auch TO PUT eine klassische Vorstellung aus: Eine Sache wird in eine bestimmte Position gebracht oder in etwas Anderes eingefügt. Wie die vorherigen Verben hat auch TO PUT eine ganze Reihe weiterer Bedeutungen:

A. TO PUT im Sinne von **STELLEN, LEGEN, ANBRINGEN**

George put his spoon down.
George hat seinen Löffel abgelegt.

They put the picture on the wall above the TV.
Sie haben das Bild an der Wand über dem Fernseher angebracht.

I put ketchup on my tortellini with porcini mushroom sauce.
Ich gebe Ketchup über meine Tortellini mit Steinpilzsoße.

Wie im Deutschen kann put auch **setzen, stellen** im übertragenen Sinne bedeuten:

You should put your family first.
Du solltest deine Familie an die erste Stelle setzen.

B. TO PUT im Sinne von **(EIN-)STECKEN, EINWERFEN**

The little boy put all the lizards into a suitcase.
Der kleine Junge hat alle Eidechsen in einen Koffer gesteckt.

The postman put the letter into the post box.

Der Postbote steckte den Brief in den Briefkasten.

I put my key into the lock, then the clothes into the washer.
Ich habe den Schlüssel ins Schloss, und dann die Kleider in die Waschmaschine gesteckt.

C. TO PUT im Sinne von **UNTERZIEHEN, AUSÜBEN**

The doctors put his hip through many tests before they could understand what was wrong.
Die Ärzte haben seine Hüfte vielen Untersuchungen unterzogen, bevor sie verstanden, was nicht in Ordnung war.

My boss puts me under a lot of pressure.
Mein Chef übt viel Druck auf mich aus.

D. TO PUT im Sinne von **(GELD) SETZEN AUF**

He put 1,000 euro on that horse, and it fell over.
Er hat 1.000 Euro auf das Pferd gesetzt, und es ist gestürzt.

2 PHRASAL **VERBS**

Was ist ein *phrasal verb?* Das ist ein Verb, auf das eine Präposition folgt!
Ganz einfach, oder?! Bei einem *phrasal verb* ist die Präposition Bestandteil des Verbs, denn sie verleiht ihm eine neue, eigene Bedeutung.

Es gibt Hunderte von *phrasal verbs*, aber - keine Angst - ich werde dir nur die Allerwichtigsten vorstellen.
Noch zwei letzte Punkte, bevor wir starten:

Folgt dem *phrasal verb* ein weiteres Verb, so muss dieses im **Gerundium** (-ING) stehen.
I am used to see**ing** him there. Ich bin es gewohnt, ihn dort zu sehen.

Manchmal steht das Objekt **zwischen dem Verb und der Präposition**.
The shop will **close down** if this recession continues.
We will **close** the shop **down** if this recession continues.

A

TO ACCOUNT FOR

etwas rechtfertigen, verantworten, erklären

You went to Rome for three days and you spent 2,000 euros?! How can you account for that? Du warst drei Tage lang in Rom und hast 2.000 Euro ausgegeben?! Wie kannst du das verantworten?

at work:

The file is missing and I can't account for it! Die Akte fehlt, und ich habe keine Erklärung dafür!

TO AIM AT/FOR
auf etw. abzielen, ein Ziel haben

She is aiming at los**ing*** five kilos before the holiday. Sie hat sich zum Ziel gesetzt, vor dem Urlaub fünf Kilo abzunehmen.

at work:

The project is aim**ing** for increased productivity within the next three years. Das Projekt zielt auf eine höhere Produktivität innerhalb der nächsten drei Jahre ab.

* Wenn ein weiteres Verb folgt, so muss dieses im Gerundium (-*ING*) stehen.

TO ANSWER FOR/TO
für etwas gerade stehen, Verantwortung tragen, verantwortlich sein

Ich möchte hier zwei Dinge gegenüberstellen, um den Unterschied deutlich zu machen:

To answer TO verwendet man um anzugeben, wer die Verantwortung für jemanden hat, der Chef also. Oftmals sagen die Deutschen: ‚*He is my responsible.*', ***THIS IS NOT ENGLISH!*** Richtig müsste es heißen: ‚*I answer to Mr. Müller*' (er ist dein Chef).

To answer FOR verwendet man zum Beispiel, wenn man einen Fehler begangen hat und dafür die Verantwortung übernehmen und bezahlen muss.
In English, you must answer for your errors!

He's got lots to answer for. Er hat viel auf dem Kerbholz.

at work:

The boss will ask you to answer for the days you were at home. Der Chef wird dich auffordern, für die Tage, die du zu Hause geblieben bist, die Verantwortung zu übernehmen.

B

TO BACK DOWN

nachgeben, einen Rückzieher machen

He wants 5,000 Euros for his car, but I offered him 3,000 Euros; he will have to back down if he wants to sell it. Er möchte 5.000 Euro für sein Auto, aber ich habe ihm 3.000 Euro angeboten. Er wird nachgeben müssen, wenn er es verkaufen will.

at work:

He said he would support me, but he backed down when things got difficult. Er sagte, er würde mich unterstützen, aber als es schwierig wurde, hat er einen Rückzieher gemacht.

TO BEEF UP

aufmöbeln, verstärken

Dieses *phrasal verb* leitet sich her von *beef*, dem englischen Wort für ‚Rindfleisch'. Es kommt aus der Landwirtschaft, wo bestimmte Nahrungsmittel an die Kühe verfüttert wurden, um diese zu mästen.

You should beef up your CV; it is too short. Du müsstest deinen Lebenslauf aufmöbeln; er ist zu kurz.

at work:

We need to beef up our advertising campaign; sales are low. Wir müssen unsere Werbekampagne ausbauen. Die Umsätze sind schwach.

TO BUILD UP

aufbauen, ausbauen, entwickeln

We didn't get on last year, but then we built up a good relationship. Wir waren uns im letzten Jahr nicht einig, aber dann haben wir eine gute Beziehung aufgebaut.

at work:

He built up his company from one shop to a chain of 500. Er hat seine Firma von einem Laden zu einer Kette mit 500 Geschäften ausgebaut.

C

TO CLOSE DOWN

(endgültig) schließen

Run and buy a new coat! They are selling them at half price because they are closing down! Geh dir schnell einen neuen Mantel kaufen! Sie verkaufen sie zum halben Preis, weil sie schließen!

at work:

Our old supplier closed down, so we had to find a new one. Unser alter Lieferant hat die Firma aufgegeben. Wir mussten deshalb einen neuen finden.

TO CROP UP

auftauchen, dazwischenkommen

Mit diesem Verb bezeichnet man Ereignisse, die plötzlich eintreten, und die definitiv wichtiger sind als das, was du gerade tust oder tun willst - etwas Unvorhergesehenes also. Normalerweise verwendet man den Ausdruck *something has cropped up*, um zu sagen, dass etwas Persönliches geschehen ist, worüber man keine Details bekannt geben will, beziehungsweise für das man keine Zeit hat, es zu erklären. Das Schöne daran ist, dass kein Engländer dich jemals nach Einzelheiten fragen wird, die du ihm vielleicht gar nicht mitteilen möchtest! Dieses Verb wird so gut wie immer im *present perfect* verwendet, weil es eine Handlung bezeichnet, die Folge eines Ereignisses in der unmittelbaren Vergangenheit ist.

He couldn't come to the party; I think something cropped up at home. Er konnte nicht zu der Party kommen; ich glaube, ihm ist zu Hause etwas dazwischengekommen.

at work:

We won't meet the deadline; things keep cropping up. Wir werden den Termin nicht einhalten können. Es tauchen ständig neue Probleme auf.

TO CUT BACK

reduzieren, kürzen

Dieses *phrasal verb* ist aufgrund der Präpositionen, die es begleiten, interessant: *on* gibt an, was reduziert wird, *by* gibt die Höhe der Reduzierung an - normalerweise in Prozent, aber unter Umständen auch in Zahlen ausgedrückt.

They cut back on funds for students by 15 million euros per year. Sie haben die Mittel für Studenten um 15 Millionen Euro jährlich gekürzt.

at work:

If we cut back on the advertising budget, how can we create more awareness for our products? Wie sollen wir ein größeres Bewusstsein für unsere Produkte schaffen, wenn wir unser Werbebudget kürzen?

F

TO FALL OUT

sich zerstreiten, sich mit jdm. überwerfen

Jetzt möchte ich drei *phrasal verbs* gleichzeitig einführen, weil sie - meiner Meinung nach - dann einfacher zu verstehen sind:

to get on (sich einig sein, sich mit jdm. verstehen)
to fall out (sich nicht mehr einig sein)
to make up (Frieden schließen, sich versöhnen)

Stellen wir uns eine Fahrt mit einem Tandem vor: Zu Beginn sind die beiden Fahrer damit beschäftigt, *to get on* (sich einig sein, aber auch bergauf fahren), dann beginnen sie *to fall out* (sich zerstreiten, aber auch stürzen). Am Ende gelingt es ihnen *to make up* (sich wieder versöhnen, aber auch wieder aufs Fahrrad aufsteigen).

I didn't go to my mother's house this Christmas because we fell out. Dieses Jahr bin ich an Weihnachten nicht zu meiner Mutter gegangen, weil wir uns überworfen haben.

TO FIND OUT
herausfinden, erfahren

I found out that my wife was not going to yoga on Friday evenings. Ich habe herausgefunden, dass meine Frau freitagabends nicht zum Yoga ging.

at work:

We found out that our competitors were stealing our ideas. Wir haben erfahren, dass unsere Konkurrenz unsere Ideen gestohlen hat.

TO FIT IN
Zeit finden, etwas einplanen, einen Termin einschieben

TO FIT bedeutet ‚passen' (bezogen auf die Größe).
My father is very big and so he can't fit into my small car.

FIT IN bezieht sich auf die Zeit; es bedeutet, einen privaten oder geschäftlichen Termin einzuschieben, sich Zeit für etwas zu nehmen.

Can we fit in some time to rest?! Können wir etwas Zeit zum Ausruhen einplanen?!

at work:

Hello, Doctor Smith, can you fit me in, tomorrow? Hallo, Doktor Smith, können Sie mich morgen einschieben?

TO FOCUS ON

konzentrieren, sich konzentrieren

I will focus on my son's education when he starts school. Ich werde mich auf die Ausbildung meines Sohnes konzentrieren wenn er in die Schule kommt.

at work:

In my presentation I will focus on our need to improve customer service. Bei meiner Präsentation werde ich mich auf die Notwendigkeit konzentrieren, unseren Kundendienst zu verbessern.

G

TO GET ACROSS

verständlich machen

When you do a presentation, it is important to get your message across to the audience. Bei einer Präsentation ist es wichtig, den Zuhörern die Botschaft verständlich rüberzubringen.

Denk daran, dass du nach ***get across*** die Präposition *to* benötigst, um die Person zu bezeichnen, die deinen Ausführungen folgen soll.

TO GET AWAY

entwischen, flüchten, wegkommen

I have to get away from the office by five. Ich muss heute spätestens um fünf Uhr weg.

The prisoner got away by car. Der Gefangene flüchtete mit dem Auto.

TO GET ON
sich einig sein, übereinstimmen

I get on with my Boss. Ich verstehe mich gut mit meinem Chef.

Do you get on with your father? Bist du dir mit deinem Vater einig?

K

TO KEEP AROUND
griffbereit haben, in Reichweite haben

Das Verb kann von der Präposition getrennt stehen.

I smoke, so I always keep my lighter around. Ich rauche, deshalb habe ich mein Feuerzeug immer griffbereit.

He was very sick, so he always kept his medicines around. Er war sehr krank, deshalb hatte er seine Arznei immer in Reichweite.

L

TO LET DOWN
enttäuschen, im Stich lassen

Das Verb kann von der Präposition getrennt stehen.

I promised to take her dancing, but I let her down. Ich hatte ihr versprochen, mit ihr tanzen zu gehen, aber ich habe sie enttäuscht.

Please help me get away from here; don't let me down! Hilf mir bitte, von hier wegzukommen; lass mich nicht im Stich!

TO LET OFF
jemanden laufen lassen, jemandem verzeihen

Das Verb kann von der Präposition getrennt stehen.

The judge let him off, because he was from Birmingham. Der Richter ließ ihn laufen, weil er aus Birmingham kam.

I'll let you off if you clean my room. Ich werde dir verzeihen, wenn du mein Zimmer putzt.

TO LOOK AFTER
sich um jemanden oder etwas kümmern

Who will look after my children if I go out this evening? Wer kümmert sich um meine Kinder, wenn ich heute Abend ausgehe?

at work:

We got successful because we looked after our clients' interests. Wir waren erfolgreich, weil wir uns um die Interessen unserer Kunden gekümmert haben.

TO LOOK INTO
überprüfen, sich informieren, recherchieren

Auf dieses *phrasal verb* folgt so gut wie immer *it*, weil man so gut wie immer weiß, wovon man redet.

Janet: Is there a bus that goes to the Reichstag from here? Gibt es einen Bus von hier zum Reichstag?
Kevin: I don't know; I'll look into it. Ich weiß es nicht, ich werde mich informieren.

at work:

We looked into the possibility of expanding our business in America. Wir haben die Möglichkeit überprüft, unser Geschäft in Amerika zu expandieren.

M

TO MAKE UP FOR

wiedergutmachen, ausgleichen

I let her down, so to make up for it I will take her to the cinema. Ich habe sie enttäuscht; um das wieder gut machen, gehe ich mit ihr ins Kino.

at work:

If we work extra-hard this year, we can make up for the low sales results of last year. Wenn wir in diesem Jahr besonders hart arbeiten, können wir das schlechte Vorjahresergebnis ausgleichen.

P

TO POINT OUT

darlegen, auf etwas hinweisen

I let her borrow my car, then her mother pointed out that she hasn't got a licence! Ich habe ihr mein Auto ausgeliehen, dann hat mich ihre Mutter darauf hingewiesen, dass sie keinen Führerschein hat!

at work:

In his presentation he pointed out the most important area to focus on. Bei seiner Präsentation hat er den wichtigsten Bereich dargelegt, auf den man sich konzentrieren muss.

TO PUT BACK/OFF and TO BRING FORWARD

(auf später) verschieben und (zeitlich) vorziehen

Diese beiden Verben möchte ich gemeinsam behandeln, da sie eng zusammenhängen:

to put back (to) bedeutet, etwas auf einen späteren Zeitpunkt zu vertagen;
to bring forward (to) bedeutet, einen Termin oder ein Ereignis vorzuziehen.

We put back our wedding to August, when the weather is better. Wir haben unsere Hochzeit auf August verschoben, wenn das Wetter besser ist.

They brought the trial forward. Sie haben den Prozess vorgezogen.

at work:

They put the meeting back to Tuesday because Hans can't make it today. Sie haben die Sitzung auf Dienstag vertagt, weil Hans heute nicht kommen kann.

Can we bring the meeting forward to 3 o'clock? I have to leave early; something has cropped up. Können wir die Sitzung auf 3 Uhr vorziehen? Ich muss früh gehen, mir ist etwas dazwischengekommen.

R

TO RUN OUT OF

ausgehen, aufbrauchen

Im Englischen kann man nicht sagen *I finished the petrol*, denn das würde bedeuten, dass du es aufgebraucht - also getrunken - hast!

The pen has run out of ink.
Es stimmt zwar, dass keine Tinte mehr da ist, aber es ist der Stift, dem diese fehlt und der daher zum SUBJEKT des Satzes wird. In diesem Fall benötigt man wieder das *Present Perfect*, denn wenn eine Sache aufgebraucht ist, dann wird sie für die Gegenwart wichtig, oder?

So funktioniert dieses *phrasal verb*:

Behältnis	***phrasal verb***	**Inhalt**
The pen	has run out of	ink.
The car	has run out of	petrol.
My company	has run out of	money.

Person	*phrasal verb*/Präsens	Inhalt
I	have run out of	patience.
She	has run out of	time.
They	have run out of	ideas.

Person	*phrasal verb*/Imperfekt	Inhalt
I	ran out of	things to say.
We	ran out of	food.
Everybody	ran out of	energy.

Person	*phrasal verb*/Futur	Inhalt
I	will run out of	energy.
You	will run out of	paper.
The world	will run out of	oil.

S

TO SET ASIDE

beiseitelegen, außer Acht lassen

I set aside some money for the holidays. Ich habe etwas Geld für den Urlaub beiseitegelegt.

You should set aside your work problems when you are at home with me. Du solltest deine beruflichen Probleme außen vor lassen, wenn du bei mir zu Hause bist.

TO SET UP

aufbauen, errichten, organisieren

We are setting up the tents. Wir schlagen gerade die Zelte auf.

at work:

I'll set up a meeting with our new colleagues. Ich werde ein Treffen mit unseren neuen Kollegen organisieren.

TO SORT OUT

Dieses phrasal verb ist wirklich absolut wichtig. Es hat drei Bedeutungen:

1. in Ordnung bringen

She doesn't know what to do; she has a lot of problems at work and at home. She needs to sort out her life. Sie weiß nicht, was sie tun soll; sie hat bei der Arbeit und zu Hause viele Probleme. Sie muss ihr Leben in Ordnung bringen.

at work:

We have some problems with our internet connection. I hope we can sort it out soon. Wir haben Probleme mit unserer Internetverbindung. Ich hoffe, wir können das bald in Ordnung bringen.

2. organisieren

His birthday is on Sunday. Let's sort out a party! Am Sonntag hat er Geburtstag. Lass uns eine Party organisieren!

at work:

Can we sort out a meeting for the end of the month? Können wir für das Monatsende eine Besprechung organisieren?

3. sich befassen mit, sich kümmern um

When we write songs together, I sort out the words and he sorts out the music. Wenn wir zusammen Lieder schreiben, kümmere ich mich um den Text, und er kümmert sich um die Musik.

at work:

She sorts out the employees' salaries. Sie befasst sich mit den Löhnen der Angestellten.

T

TO TAKE OVER

sich einer Sache bemächtigen, etwas übernehmen

Bevor wir zu Beispielen für dieses *phrasal verb* kommen, möchte ich, dass du dir ein Lenkrad im Auto vorstellst. Du bist der Fahrgast, und dem Fahrer geht es schlecht. Du übernimmst also das Lenkrad ... *you take over the car.*

The aliens are taking over the planet!!! Die Aliens übernehmen den Planeten!!!

at work:

I might not finish this project in time; something has cropped up. Can you take over, please? Vielleicht kann ich dieses Projekt nicht rechtzeitig zu Ende bringen; mir ist etwas dazwischengekommen. Kannst du bitte übernehmen?

TO TURN DOWN

einen Vorschlag zurückweisen, einen Vorschlag ablehnen

To turn down bedeutet auch ‚leiser stellen' (zum Beispiel das Radio); auf diese Bedeutung möchte ich hier jedoch nicht näher eingehen.

Das Verb kann von der Präposition getrennt stehen

I asked her to come with me to New York, but she turned me down. Ich bat sie, mit mir nach New York zu kommen, aber sie hat meinen Vorschlag abgelehnt.

at work:

There is a strike because the company turned down the workers' conditions. Es gibt Streik, weil die Firma die Bedingungen der Arbeiter abgelehnt hat.

W

TO WORK ON

bearbeiten, an etwas arbeiten

He could be a great footballer; he must work on his style. Er könnte ein großer Fußballspieler sein; er muss an seinem Stil arbeiten.

at work:

We are working on a new project. Wir arbeiten an einem neuen Projekt.

VERSPÄTUNG

Die englische „Verspätung" ist für einen Deutschen eher schwer zu verstehen: Sie sorgt für manche Verwirrung. Mir ist es mehr als einmal passiert, dass ein Student zu spät zum Unterricht kam und sagte: ‚*Sorry for the delay!*'. Tatsächlich gab es aber überhaupt kein *delay*!

Ich versuche mal, die „Verspätungskette" näher zu erklären:

hold up ist ein Substantiv, das den Grund der Verspätung, sozusagen den Beginn der Kette, bezeichnet.
Stellen wir uns einmal vor, ich sitze mit meinem Freund Dave in einem Zug, und der Zug sollte eigentlich um 9 Uhr abfahren. Ich schaue auf meine Uhr und sehe, dass es bereits 9.20 Uhr ist. Der Schaffner kommt vorbei, und ich frage ihn: ‚*What's the hold up?*' (Was ist der Grund?). Er antwortet, dass ein Baum auf die Gleise gestürzt ist. Der Baum auf den Gleisen ist also der *hold up*, der Grund für die Verspätung.

delay ist ebenfalls ein Substantiv. Mit ihm wird die Gesamtdauer der Verspätung ausgedrückt.
Sie entfernen den Baum, und der Zug fährt um 9.30 Uhr weiter. Das heißt, die Verspätung, *the delay*, betrug 30 Minuten.
ABER achte auf den Unterschied zwischen *delay* und *late*.

late ist sowohl ein Substantiv als auch ein Adverb. Es bezieht sich auf eine Verspätung hinsichtlich einer Verpflichtung.
Ich sitze also mit meinem Freund Dave im Zug und habe eine Verabredung in München, zu der ich *late* (zu spät) komme, weil der Zug eigentlich um 10 Uhr hätte ankommen sollen; stattdessen kommt er aber erst um 10.30 Uhr an. In diesem Sinne ist auch der Zug *late*, nur Dave ist es nicht, da er keine Verabredung hat. Also sind ich und der Zug *late* - Dave ist es nicht - weil er keine Verabredung hat bzw. keinen Fahrplan einhalten muss.
Hold up: tree on the track
Delay: 30 minutes
Late: 30 minutes late (for me and the train!)
Kurzum - als mein Student mit 15-minütiger Verspätung eintraf, war ER verspätet; ich hatte mit den anderen Studenten den Unterricht bereits pünktlich begonnen. Es bestand also keinerlei *delay*. Er hätte einfach sagen müssen: ‚*Sorry, I'm late!*'.

IDIOMS

3

A

ACT OF GOD
EINE TAT GOTTES

Das ist "höhere Gewalt". Von dieser spricht man, wenn etwas durch eine Naturgewalt, ohne den Einfluss des Menschen, geschieht.

The insurance company didn't pay because they said that the storm was an Act of God.
Die Versicherung hat nicht bezahlt, weil es sich ihrer Meinung nach bei dem Sturm um höhere Gewalt handelte.

I didn't go to work today, thanks to an Act of God. The office was flooded.
Ich bin heute nicht arbeiten gegangen, dank höherer Gewalt. Das Büro stand unter Wasser.

The bad weather stopped the fighting. Surely an Act of God.
Das schlechte Wetter hat die Kämpfe gestoppt. Das ist wirklich höhere Gewalt.

(TO) ADD FUEL TO THE FLAMES
BENZIN IN DIE FLAMMEN GEBEN

Öl ins Feuer gießen: Wenn eine Situation bereits schlimm ist, dann möchte man kein Öl ins Feuer gießen, denn damit würde man sie noch verschlimmern.

She was angry that I came home late and when I told her that Julie brought me home I just added fuel to the flames.
Sie war wütend, weil ich spät nach Hause kam, und als ich ihr sagte, dass Julie mich nach Hause gebracht hatte, habe ich noch Öl ins Feuer gegossen.

Don't add fuel to the flames by telling him that he is wrong.
Gieß kein Öl ins Feuer, indem du ihm sagst, dass er im Unrecht ist.

The government added fuel to the flames by not answering the reporters' questions.
Die Regierung hat Öl ins Feuer gegossen, indem sie die Fragen der Reporter nicht beantwortet hat.

AFTER THE FACT
NACH DER TATSACHE

Entspricht dem deutschen: nachträglich, im Nachhinein.

After the fact I realised I couldn't trust her.
Im Nachhinein habe ich erkannt, dass ich ihr nicht vertrauen konnte.

He betrayed her and saying sorry after the fact didn't help. It only added fuel to the flames.
Er hat sie betrogen, und seine nachträgliche Entschuldigung hat nicht geholfen. Damit hat er nur Öl ins Feuer gegossen.

It's easy to know how we were supposed to deal with the problem after the fact.
Im Nachhinein ist es leicht zu wissen, wie wir mit dem Problem hätten umgehen sollen.

AGAINST THE CLOCK
GEGEN DIE UHR

Entspricht dem deutschen: gegen die Zeit arbeiten, ein Wettlauf gegen die Zeit.

We have been working against the clock all year, I'm exhausted.
Wir haben das ganze Jahr gegen die Zeit gearbeitet, ich bin erschöpft.

We're all working against the clock, not only you!
Wir alle arbeiten gegen die Zeit, nicht nur du!

I hope we can have your car ready for Monday as promised, Madam, but we're working against the clock.
Ich hoffe, dass wir Ihr Auto wie versprochen bis Montag fertig haben, aber es ist ein Wettlauf gegen die Zeit.

ALL IN YOUR HEAD
ALLES IN DEINEM KOPF

Alles nur Einbildung. Hat man dich je als verrückt bezeichnet? Mir passiert das ständig. Wir alle leiden doch ab und zu an einer gesunden Paranoia, oder? Manchmal sehen wir Probleme, wo keine sind - sie existieren nur in unserem Kopf.

He is sure that nobody likes him, but it's all in his head.
Er ist sich sicher, dass ihn keiner mag, aber das bildet er sich nur ein.

She doesn't flirt with other men, Jason, it's all in your head!
Sie flirtet nicht mit anderen Männern, Jason, das bildest du dir nur ein!

The police weren't looking for him, it was all in his head.
Die Polizei hat nicht nach ihm gesucht, das hat er sich nur eingebildet.

ALL EARS
GANZ OHR

Entspricht dem deutschen: ganz Ohr sein

Wenn du *all ears* bist, heißt das, dass du sehr aufmerksam und auf das konzentriert bist, was dein Gegenüber sagt, weil du es für sehr wichtig hältst.

Bob: Your idea was stupid! Deine Idee war dumm!
Kevin: Well, if you have a better idea, I'm all ears! Nun, wenn du eine bessere Idee hast, bin ich ganz Ohr!

ALL HELL BROKE LOOSE
DIE GANZE HÖLLE IST AUSGEBROCHEN

Entspricht dem deutschen: hier ist die Hölle los

Wenn man sagt *all hell broke loose*, bedeutet das, dass wirklich die Hölle los ist, dass etwas Schlimmes und Entsetzliches geschehen ist.

Tobias: What's wrong? Stimmt etwas nicht?
Oliver: My wife found lipstick on my shirt and all hell broke loose. Meine Frau hat Lippenstift auf meinem Hemd entdeckt, und dann war die Hölle los.

(TO HAVE) AN ACE UP YOUR SLEEVE
EIN ASS IM ÄRMEL HABEN

Ein Ass im Ärmel oder einen Trumpf in der Hand haben. Ein Trumpf in der Hand bedeutet beim Pokerspiel, dass man etwas Wertvolles in Reserve hat. Auch im Leben braucht es manchmal einen Trumpf in der Hand, den man im richtigen Augenblick hervorholen kann, wenn alles andere schiefläuft.

She still doesn't want to go out with me, but I have an ace up my sleeve: two tickets for Elton John live at Royal Albert Hall.
Sie möchte immer noch nicht mit mir ausgehen, aber ich habe einen Trumpf in der Hand: Zwei Karten für Elton John live in der Royal Albert Hall.

We're in big trouble, I hope you've got an ace up your sleeve.
Wir sind in großen Schwierigkeiten; ich hoffe, du hast noch ein Ass im Ärmel.

The judge was going to let the killer go, but the prosecutor still had one ace up his sleeve that got the man incarcerated. A bloody knife!
Der Richter wollte den Mörder gerade gehen lassen, aber der Staatsanwalt hatte noch einen Trumpf in der Hand, der ihn hinter Gitter gebracht hat: ein blutverschmiertes Messer!

ANTS IN YOUR PANTS
AMEISEN IN DEINER UNTERHOSE

Stell dir vor, du hättest Hummeln im Hintern oder - wie wir Engländer sagen - Ameisen in der Unterhose. Du würdest einen Tanz aufführen, oder? Vielleicht wärst du ein bisschen unruhig. Dieses idiom bedeutet, dass eine Person keine Sekunde lang stillhalten kann, dass sie ständig in Bewegung ist.

I think he likes her, he has ants in his pants every time she enters the room.
Ich glaube, er mag sie. Jedes Mal, wenn sie den Raum betritt, wird er ganz unruhig.

Don't get ants in your pants! Everything is under control.
Kein Grund zur Unruhe! Es ist alles unter Kontrolle.

Jane gets ants in her pants when we work against the clock!
Jane wird immer ganz unruhig, wenn wir gegen die Zeit arbeiten!

APPLE OF MY EYE
APFEL MEINES AUGES

Entspricht dem deutschen: Augenstern, Liebling

Wenn du jemanden als *apple of my eye* bezeichnest, bedeutet das, dass du denjenigen über alles liebst!

Don't criticise Angela in front of the boss: she is the apple of his eye. Kritisiere Angela nicht vor dem Chef; sie ist sein Augenstern.

ASK FOR TROUBLE
UM ÄRGER BITTEN

Entspricht dem deutschen: Streit suchen

Diesen Ausdruck benutzt man für Menschen, die immer wieder riskieren, in der Tinte zu sitzen, die Ärger magisch anziehen - oder eben Streit suchen.

If you go out with Lucy tonight, you're asking for trouble. She's married! Wenn du heute Abend mit Lucy ausgehst, dann suchst du Streit. Sie ist verheiratet!

A BAD EGG
EIN FAULES EI

Entspricht dem deutschen: ein Gauner sein

Nicht zu verwechseln mit dem deutschen Ausdruck „ein dickes Ei", der eine andere Bedeutung hat.

His accountant was a bad egg and he lost all his money. Sein Buchhalter war ein Gauner, und er hat sein gesamtes Geld verloren.

A PIECE OF CAKE
EIN STÜCK KUCHEN

Entspricht dem deutschen: ein Kinderspiel, ein Klacks

Wenn du diesen Ausdruck für etwas verwendest, heißt das, dass es wirklich sehr einfach ist - ein Stück Kuchen essen zum Beispiel!

James: I don't know how to break up with Suzy. Ich weiß nicht, wie ich mit Suzy Schluss machen soll.
Joe: Just say 'Goodbye!'; it's a piece of cake. Das ist doch ein Kinderspiel: Sag einfach: ‚Tschüss!'.

A CASH COW
EINE GELDKUH

Entspricht dem deutschen: Milchkuh, Goldesel

Wenn du das über etwas oder jemanden sagst, dann bist du der Meinung, dass diese Sache bzw. Person ständig Geld abwirft - wie eine Kuh, die täglich Milch gibt. Dieser Ausdruck wird vor allem im Geschäftsleben und im Marketing verwendet. In Deutschland hat sich hier schon fast überall der englische Begriff etabliert.

Arabian countries export coal and plastic, but their cash cow remains their oil.
Die arabischen Länder exportieren Kohle und Kunststoff, aber ihre Milchkuh/Cash Cow ist und bleibt ihr Öl.

A FLASH IN THE PAN
EIN BLITZ IN DER PFANNE

Entspricht dem deutschen: eine Eintagsfliege sein

Man verwendet diesen Ausdruck für jemanden, der einen kurzen Augenblick des Ruhmes hatte und dann sofort wieder von der Bildfläche verschwunden ist.

That man had one good idea, but nothing after that. He was a flash in the pan. Dieser Mann hatte eine gute Idee, aber danach kam nichts mehr. Er war eine Eintagsfliege.

A PAIN IN THE NECK
(EIN) SCHMERZ IM NACKEN

Entspricht dem deutschen: eine Nervensäge sein, nerven

Dieser Ausdruck bezieht sich auf eine Person oder eine Situation, die Anlass zu Ärger oder Langeweile gibt oder sehr beharrlich ist - also nervt.

Lenny: How is your boss with you now? Wie ist dein Chef jetzt zu dir?
David: He's a pain in the neck! He's always telling me to do this or do that... Er ist eine Nervensäge! Er sagt mir ständig, ich solle dies oder jenes tun ...

B

(IN) BAD SHAPE
SCHLECHT IN FORM

Ich bin in bad shape, weil ich nie Zeit habe, schwimmen zu gehen. Wenn jemand nicht in Form oder sehr krank ist, dann ist er in bad shape.

We need to do extra training, the new boys are in bad shape.
Wir müssen mehr trainieren, die neuen Jungs sind schlecht in Form.

We need help! A man has been shot and he's in really bad shape.
Wir brauchen Hilfe! Ein Mann wurde angeschossen, er ist in einem wirklich schlechten Zustand.

You were in great shape when I married you! Why are you in bad shape now?!
Du warst in Topform, als ich dich geheiratet habe! Warum bist du jetzt schlecht in Form?!

(TO) BANG THE HEAD AGAINST A BRICK WALL
DEN KOPF GEGEN EINE BACKSTEINMAUER SCHLAGEN

Auf Granit beißen oder gegen Windmühlen kämpfen. Wenn du deinen Kopf immer wieder gegen eine Mauer schlägst, ohne zu erreichen, was du möchtest, dann werden deine Schmerzen immer schlimmer ... Manchmal ist es besser aufzuhören und aufzugeben.

You're banging your head against a brick wall, Tina, he'll never be faithful.
Du beißt auf Granit, Tina. Er wird niemals treu sein.

Stop banging your head against a brick wall. He will never understand!
Hör auf, gegen Windmühlen zu kämpfen. Er wird es nie verstehen!

I have explained a 1,000 times why I did it, but I'm just banging my head against a brick wall.
Ich habe 1.000 Mal erklärt, warum ich es getan habe, aber ich beiße auf Granit.

Asking for a raise is like banging my head against a brick wall.
Eine Gehaltserhöhung zu fordern ist wie auf Granit zu beißen.

BARK IS WORSE THAN HIS BITE
DAS BELLEN IST SCHLIMMER ALS SEIN BISS

Entspricht dem deutschen: Hunde, die bellen, beißen nicht

Don't get ants in your pants, her bark is worse than her bite.
Sei nicht so unruhig ihretwegen - Hunde, die bellen, beißen nicht.

My father shouts when he's angry, but fortunately his bark is worse than his bite.
Mein Vater schreit, wenn er wütend ist, aber Hunde, die bellen, beißen zum Glück nicht.

Don't worry about Frank, he threatens us every day. His bark is worse than his bite.
Mach dir keine Sorgen wegen Frank, er droht uns täglich, aber Hunde, die bellen, beißen nicht.

(TO) BARK UP THE WRONG TREE
DEN FALSCHEN BAUM ANBELLEN

Entspricht dem deutschen: auf dem Holzweg sein / an der falschen Adresse sein

Dieses Bild finde ich witzig. Der Hund steht unter dem Baum und bellt wie verrückt nach oben, während die Katze auf einem anderen Baum sitzt und sich ins Fäustchen lacht. Auch wir tun das manchmal. Wir bellen unter dem falschen Baum, während das, was wir wollen, anderswo zu finden ist.

She is looking for a boyfriend at the "Pink Paradise Club", which is for gays! She's definitely barking up the wrong tree there!
Sie ist im "Pink Paradise", einem Schwulenclub, auf der Suche nach einem Freund. Hier ist sie definitiv an der falschen Adresse!

If you want to borrow money you're barking up the wrong tree, I haven't got any!
Wenn du dir Geld leihen willst, bist du bei mir an der falschen Adresse - ich habe keines!

If you want a tan you are barking up the wrong tree by going to Birmingham.
Wenn du braun werden möchtest, bist du auf dem Holzweg, wenn du nach Birmingham gehst.

You're barking up the wrong tree, we don't do photocopies.
Du bist hier an der falschen Adresse, wir machen keine Fotokopien.

(TO) BEAT AROUND THE BUSH
UM DEN BUSCH HERUM SCHLAGEN

Entspricht dem deutschen: um den heißen Brei herumreden

I want you to stop beating around the bush, what do you want to say?!
Hör auf, um den heißen Brei herumzureden. Was willst du sagen?!

Listen, Paul, I'm not going to beat around the bush, I think you're an idiot.
Hör zu, Paul, ich möchte nicht um den heißen Brei herumreden, ich denke, dass du ein Idiot bist.

I spent 3 hours beating around the bush after the fact, but I still couldn't tell her!
Ich habe im Nachhinein drei Stunden lang um den heißen Brei herumgeredet, aber ich konnte es ihr einfach nicht sagen.

(THE) BEE'S KNEES
DIE KNIE DER BIENE

Entspricht dem deutschen: das Nonplusultra / das Größte / das Beste

Die Knie der Biene? Welchen Sinn hat dieses idiom? Keinen - aber es wird häufig gebraucht und ist nett.

The new Birmingham City team is the bee's knees, we could beat Barcelona this year!
Die neue Mannschaft von Birmingham City ist die Beste. Wir könnten in diesem Jahr Barcelona schlagen!

My new TV is the bee's knees.
Mein neuer Fernseher ist das Nonplusultra.

What do you think of my new dress? I think it's the bee's knees!
Wie findest du mein neues Kleid? Ich denke, es ist das Nonplusultra!

BEGGARS CAN'T BE CHOOSERS
BETTLER HABEN KEINE WAHL

Entspricht dem deutschen: in der Not frisst der Teufel Fliegen

We were sleeping in his bathroom because we had no money for a hotel and beggars can't be choosers.

Wir haben in seinem Badezimmer geschlafen, weil wir kein Geld für ein Hotel hatten, und in der Not frisst der Teufel Fliegen.

I married Gertrude. She's loud, crass and she can't cook, but nobody else wanted me and beggars can't be choosers.
Ich habe Gertrude geheiratet. Sie ist laut, derb und sie kann nicht kochen, aber mich wollte sonst keine und in der Not frisst der Teufel Fliegen.

I got a job cleaning the toilets in Central Station. I took it because there just isn't any work around at the moment and beggars can't be choosers.
Ich habe einen Job bekommen, ich putze die Toiletten im Hauptbahnhof. Ich habe ihn angenommen, weil es im Moment keinen anderen Job gibt, und in der Not frisst der Teufel Fliegen.

BEHIND CLOSED DOORS
HINTER VERSCHLOSSENEN TÜREN

Entspricht dem deutschen: etwas findet im Verborgenen statt, hinter verschlossenen Türen

We all lost our jobs suddenly. I don't know why, everything was decided behind closed doors.
Wir haben alle plötzlich unsere Arbeit verloren. Ich weiß nicht, warum. Alles wurde hinter verschlossenen Türen beschlossen.

This is big news, we should talk about it later. Behind closed doors.
Das ist eine große Neuigkeit, wir sollten später darüber reden. Hinter verschlossenen Türen.

The whole war was fought behind closed doors.
Der gesamte Krieg fand hinter verschlossenen Türen statt.

BACK TO SQUARE ONE
ZURÜCK ZUM QUADRAT EINS

Entspricht dem deutschen: wieder bei Null anfangen

Diese Redewendung hat ihren Ursprung in vielen Gesellschaftsspielen, bei denen man im ersten Quadrat oder Feld des Spielplans startet und gewinnt, wenn man das letzte Feld als Erster erreicht hat. Bei vielen dieser Spiele muss man zurück zum Start und von vorne beginnen, wenn man einen Fehler macht. Wie im echten Leben!

Our plan didn't work and so it's back to square one. Unser Plan hat nicht funktioniert, deshalb müssen wir wieder bei Null anfangen.

BELOW THE BELT
UNTER DEM GÜRTEL

Entspricht dem deutschen: unter der Gürtellinie

Wir Männer haben eine Stelle „unter der Gürtellinie", die sehr empfindlich ist: Bei einem Schlag auf diese Stelle kommen uns viele, viele Tränen ...
Grausame Äußerungen, vor allem grundlose persönliche Beleidigungen, bezeichnen wir Engländer - genau wie die Deutschen - als einen Schlag unter die Gürtellinie. Dieser Ausdruck wird häufig verwendet und kann sich - ungeachtet meiner Vorbemerkung - sowohl auf Männer als auch auf Frauen beziehen.

Toby: I will never forgive Ali. Ich werde Ali niemals verzeihen.
Carl: Why not? Warum nicht?
Toby: He insulted me and that was Ok, but he also insulted my mother, which was totally below the belt. Er hat mich beleidigt, und das war okay. Aber er hat auch meine Mutter beleidigt, und das war absolut unter der Gürtellinie.

BETTER LATE THAN NEVER
BESSER SPÄT ALS NIE

Thank you for the lovely present. My birthday was yesterday, but better late than never.
Danke für das schöne Geschenk. Mein Geburtstag war zwar gestern, aber besser spät als nie.

I said sorry a week after the fact, but, hey, better late than never.
Ich habe mich eine Woche im Nachhinein entschuldigt, aber, hey, besser spät als nie.

The match is almost finished, but if you run you can play in the second half. Come on! Better late than never.
Das Spiel ist beinahe vorbei, aber wenn du rennst, kannst du in der zweiten Halbzeit mitspielen. Komm! Besser spät als nie.

BETWEEN THE DEVIL AND THE DEEP BLUE SEA
ZWISCHEN DEM TEUFEL UND DEM TIEFEN BLAUEN MEER

Entspricht dem deutschen: sich in einer Zwickmühle befinden/ hin- und hergerissen sein

Genau wie im Deutschen beschreibt dieser Ausdruck eine Situation, in der es schwierig ist, sich zu entscheiden, weil man zwischen zwei Möglichkeiten hin- und hergerissen ist.
Laura: So, are you taking the job in Glasgow or Baghdad? Nimmst du nun die Stelle in Glasgow oder die in Bagdad?
Tom: I don't know; it's between the devil and the deep blue sea. Ich weiß es nicht; ich bin hin- und hergerissen.

BEND THE TRUTH
DIE WAHRHEIT VERBIEGEN

Entspricht dem deutschen: es mit der Wahrheit nicht so genau nehmen, nicht die ganze Wahrheit sagen

Diese Redewendung bezieht sich auf Situationen, in denen man die Wahrheit sagt - aber nur zum Teil (eine Halbwahrheit also).

Anna: Why did you tell John that you are a natural blonde? Warum hast du John gesagt, du wärest von Natur aus blond?
Antonia: Because I am a natural blonde. I just didn't tell him that my hairdresser helps me to keep my hair natural blonde! Weil ich von Natur aus blond bin. Ich habe ihm lediglich verschwiegen, dass mein Frisör mir hilft, mein natürliches Blond zu erhalten!
Anna: So, you bent the truth? Dann hast du es mit der Wahrheit also nicht so genau genommen?
Antonia: A little. Nicht ganz.

BENEFIT OF THE DOUBT
GUNST DES ZWEIFELS

Entspricht dem deutschen: im Zweifelsfall zu jds. Gunsten entscheiden

Man entscheidet im Zweifelsfall zu Gunsten einer Person, wenn man demjenigen die Möglichkeit einräumt zu beweisen, dass die Dinge nicht so sind, wie sie scheinen - wenn man ihm also die Möglichkeit gibt, seine Wahrheit darzulegen.

John: So, what did my wife say? Was hat meine Frau denn gesagt?
Olive: She thinks you are not going to the gym, but I think she will give you the benefit of the doubt. Sie denkt, dass du nicht zum Sport gehst, aber ich denke, sie wird im Zweifelsfall zu deinen Gunsten entscheiden.
John: If she finds out about us, we're dead! Wenn sie das über uns herausbekommt, sind wir tot!
Violin music Violinenmusik
The end. Ende.

BEYOND ME
JENSEITS VON MIR

Entspricht dem deutschen: Das ist zu hoch für mich./Da komme ich nicht mit.

Dieser Ausdruck bedeutet eigentlich noch viel mehr als ‚das ist mir zu hoch'. Er besagt, dass man nicht die geringste Idee hat; dass die Sache, um die es geht, jenseits des eigenen Vorstellungsvermögens liegt.

Earl: How does a computer work? Wie funktioniert ein Computer?
Jonny: Don't ask me, it's beyond me! Frag mich nicht ... Das ist mir zu hoch!

BITE YOUR TONGUE
BEISS AUF DEINE ZUNGE

Entspricht dem deutschen: sich auf die Zunge beißen/sich eine Bemerkung verkneifen

Wenn man etwas unbedingt sagen möchte, aber beschließt, sich zurückzuhalten.

She will insult you, but, please, just bite your tongue! Sie wird dich beschimpfen, aber bitte beiß dir auf die Zunge!

C

(TO) CALL A SPADE A SPADE
EIN PIK PIK NENNEN

Entspricht dem deutschen: das Kind / die Sache beim Namen nennen

Wenn du eine Pik-Karte hast und mich so täuschst, dass ich sie für eine Herz-Karte oder gar für einen König halte, dann sagst du mir nicht die Wahrheit. Wenn du eine Pik-Karte hast, möchte ich, dass du mir auch sagst, dass es eine Pik-Karte ist; ich möchte, dass du das Kind beim Namen nennst.

You get what you see with Tommy, he calls a spade a spade.
Bei Tommy bekommst du das, was du siehst, er nennt das Kind beim Namen.

Listen, just call a spade a spade and tell me what I have done wrong.
Hör zu, nenn die Sache beim Namen und sag mir, was ich falsch gemacht habe.

Stop beating around the bush, Hilary... just call a spade a spade.
Red nicht um den heißen Brei herum, Hilary ... nenn das Kind beim Namen.

(TO OPEN) A CAN OF WORMS
EINE DOSE WÜRMER

Entspricht dem deutschen: eine verzwickte Angelegenheit / ein heißes Eisen / in ein Wespennest stechen.

Hier handelt es sich nicht etwa um eine Zutat aus der englischen Küche. Ich weiß, du denkst, wir Engländer seien in der Lage, alles zu essen, aber eine Dose Würmer würde ich niemals anrühren (solange ich nüchtern bin)!

Stell dir aber mal das Chaos vor, das herrscht, wenn du eine Dose mit Würmern öffnest... Das ist schwer in den Griff zu bekommen. Es gibt Tabuthemen, die man innerhalb der Familie, unter Freunden oder bei der Arbeit meiden sollte, weil sonst das Chaos ausbricht - wie beim Öffnen einer Dose voller Würmer.

After the fact, I realised that I had opened a can of worms talking about her divorce.
Im Nachhinein habe ich erkannt, dass ich in ein Wespennest gestochen habe, als ich von ihrer Scheidung sprach.

Don't talk about atheism with Ratzinger, it's a can of worms.
Sprich mit Ratzinger nicht über Atheismus - das ist ein heißes Eisen.

You really opened a can of worms talking about the war with him, his father died in it.
Du hast wirklich in ein Wespennest gestochen, als du mit ihm über den Krieg gesprochen hast. Sein Vater starb im Krieg.

CAN'T MAKE AN OMELETTE WITHOUT BREAKING A FEW EGGS
DU KANNST KEIN OMELETTE MACHEN, OHNE EIN PAAR EIER AUFZUSCHLAGEN

Entspricht dem deutschen: wo gehobelt wird, da fallen auch Späne

Das bedeutet, dass man manchmal auch unangenehme Dinge unternehmen muss, um zu einem guten Ergebnis zu kommen. Denke nur an die Philosophie Machiavellis, nach der „der Zweck die Mittel heiligt".

John: In order to have my book published, I had to almost completely rewrite it! Damit mein Buch verlegt wird, musste ich es fast komplett neu schreiben: I know, John, but your book is horrible! And you can't make an omelette without breaking a few eggs! Ich weiß, John, dein Buch ist nun mal schrecklich! Und wo gehobelt wird, da fallen auch Späne.

CARROT AND STICK
KAROTTE UND STOCK

Auf der einen Seite besteht ein Anreiz, auf der anderen droht eine Strafe, wenn du nicht das tust, worum man dich bittet.
Dieses idiom entspricht dem deutschen "Zuckerbrot und Peitsche".

The whole government philosophy is carrot and stick: work and you live well, but if you don't work there is no help.
Die Regierung arbeitet komplett nach dem Prinzip "Zuckerbrot und Peitsche": Wenn du arbeitest, hast du ein gutes Leben, aber wenn du nicht arbeitest, bekommst du keine Hilfe.

This company's carrot and stick policy is hard. A promotion for those who sell, unemployment for those who don't.
Die Politik dieser Firma nach dem Motto "Zuckerbrot und Peitsche" ist hart. Beförderung für diejenigen, die Umsatz machen, Arbeitslosigkeit für die, die das nicht tun.

My wife uses the carrot and stick approach. If I obey her we sleep in the same bed, if I don't, I sleep in the garden.
Meine Frau setzt das Prinzip Zuckerbrot und Peitsche ein. Wenn ich ihr gehorche, schlafen wir im selben Bett, wenn nicht, schlafe ich im Garten.

CAP IN HAND
MÜTZE IN DER HAND

Jemanden mit der "Mütze in der Hand" um etwas bitten, heißt soviel wie eine Bitte demütig und respektvoll vorbringen - also einen Bittgang machen.

I asked for a raise cap in hand. I think that after 20 years of service I deserve it.
Ich habe einen Bittgang gemacht und um eine Gehaltserhöhung gebeten. Ich denke, nach 20 Dienstjahren habe ich das verdient.

I ask you cap in hand for a loan.
Ich bitte dich demütig um ein Darlehen.

I will go cap in hand and ask him to forgive me.
Ich werde ihn kleinlaut um Verzeihung bitten.

(TO) CARRY THE TORCH
DIE FACKEL TRAGEN

Wenn du insgeheim jemanden liebst, ohne es dieser Person zu sagen, dann trägst du demjenigen die Fackel.

He has been carrying the torch for her for years.
Er schmachtet seit Jahren nach ihr.

Did you see the way he was looking at you? He's carrying a torch, Lisa.
Hast du gesehen, wie er dich angeschaut hat? Er hat eine Schwäche für dich, Lisa.

I have carried the torch for too long, Amanda, please will you go out with me?
Ich habe meine Gefühle für dich zu lange verborgen gehalten, Amanda. Gehst du bitte mit mir aus?

(A) CAT IN GLOVES CATCHES NO MICE
EINE KATZE MIT HANDSCHUHEN FÄNGT KEINE MÄUSE

Eine Katze, die Handschuhe trägt, fängt keine Mäuse, weil sie zu vorsichtig ist. Dieses idiom wird häufig im Geschäftsleben verwendet. Es bedeutet, dass man manchmal besser etwas riskiert und entspricht dem deutschen "wer nicht wagt, der nicht gewinnt".

(USA: He who hesitates is lost. The early bird catches the worm.)

You shouldn't have hesitated in buying that shop! A cat in gloves catches no mice.

Du hättest nicht zögern sollen, diesen Laden zu kaufen! Wer nicht wagt, der nicht gewinnt.

Oh just call him and make an offer! A cat in gloves catches no mice.
Oh, ruf ihn einfach an und mach ihm ein Angebot! Wer nicht wagt, der nicht gewinnt.

It's obvious that you're carrying a torch for Amanda, when you see her don't beat around the bush, just tell her how you feel because remember, a cat in gloves catches no mice.
Es ist offensichtlich, dass Amanda dir gefällt. Wenn du sie siehst, dann rede nicht um den heißen Brei herum. Sag ihr einfach, was du fühlst, denn - denk daran - wer nicht wagt, der nicht gewinnt.

CHEWING THE FAT
DAS FETT KAUEN

Das heißt soviel wie "über Gott und die Welt reden" oder "ein Schwätzchen halten". Man verwendet dieses idiom nur in der Umgangssprache.

My grandmother is in the garden chewing the fat with her neighbour.
Meine Oma hält im Garten ein Schwätzchen mit ihrem Nachbarn.

There is nothing to do at work, we just sit there chewing the fat all day.
Es gibt nichts zu tun bei der Arbeit. Wir sitzen den ganzen Tag herum und reden über Gott und die Welt.

He is chewing the fat with his mate (USA: friend, pal).
Er redet mit seinem Kumpel über Gott und die Welt.

CLEAR THE AIR
DIE LUFT REINIGEN

Entspricht dem deutschen: die Situation klären

Nach einem Streit herrscht dicke Luft. Wenn du die Dinge wieder in Ordnung bringen willst (*sort out*), ist es besser zu reden, sich auszusprechen und eben die Situation zu klären.

I shouted a lot, she shouted a lot, but at least we cleared the air.
Ich habe viel geschrien, sie hat viel geschrien, aber zumindest haben wir die Situation jetzt geklärt.

(TO GO) COLD TURKEY
AUF KALTEN TRUTHAHN GEHEN

Einen kalten Entzug von einer Sucht machen, ohne Medikamente.

I stopped smoking cold turkey... it was hard.
Ich habe, ohne etwas einzunehmen, mit dem Rauchen aufgehört... es war hart.

I haven't drunk a coffee since this morning. I'm going cold turkey.
Ich habe seit heute Morgen keinen Kaffee getrunken. Ich bin auf Entzug.

The cold turkey period after heroin is agonising apparently.
Ein kalter Entzug nach Heroinabhängigkeit ist offensichtlich qualvoll.

COME WHAT MAY
KOMME, WAS MÖGE

Entspricht dem deutschen: komme, was wolle

Obwohl dir bewusst ist, dass dein Tun mit vielen Risiken verbunden ist, tust du es dennoch - weil du denkst, es lohnt sich.

Tracy: I want to get a tattoo. Ich möchte mich tätowieren lassen.
Cheryl: But you're only 16; your father will kill you! Aber du bist erst 16; dein Vater bringt dich um!
Tracy: I don't care! I'm doing it, come what may. Das ist mir egal! Ich mache es - komme, was wolle.

COUGH UP
HERAUSHUSTEN

Entspricht dem deutschen: mit etwas herausrücken

Diese Redewendung ist eigentlich ekelhaft, aber wir verwenden sie nichtsdestotrotz!
To cough heißt ‚husten'. Mit *To cough up* bezeichnet man das Abhusten von Schleim: Diesen Ausdruck benutzt man, wenn jemand sich schwer tut, zum Beispiel Geld oder Informationen herauszugeben.

Thief finally coughed up that he had stolen the wallet. Der Dieb gab schließlich zu, dass er das Portemonnaie gestohlen hatte.

CREAM OF THE CROP
DIE CREME DER ERNTE

Entspricht dem deutschen: Crème de la Crème

Schlicht und einfach der Beste oder die Besten - das Beste, was es gibt.
Das englische Wort *the crop* (die Ernte) bezieht sich auf das Getreide, das die Landwirte jedes Jahr einholen.

Real Madrid bought the best players in the world, the cream of the crop, but Birmingham City is still a better team. Real Madrid hat die besten Spieler der Welt eingekauft, die Crème de la Crème, aber Birmingham City ist immer noch die bessere Mannschaft.

CRASH COURSE
CRASHKURS

Entspricht dem deutschen: Crashkurs/Intensivkurs

Ein Crashkurs ist nötig, wenn man etwas in kürzester Zeit lernen möchte und deshalb einen schnelleren Weg einschlägt.

Yuri: I got a job with Microsoft. Ich habe einen Job bei Microsoft.
Dylan: Great, aren't you happy? Fantastisch, bist zu nicht zufrieden?
Yuri: Yes, but I bent the truth. I told them that I could program an operating system. Doch, aber ich habe Ihnen nicht ganz die Wahrheit gesagt. Ich habe erzählt, ich könne ein Betriebssystem programmieren.
Dylan: Are you crazy? Bist du verrückt?
Yuri: Don't worry. I'm taking a crash course in operating systems tonight! Keine Sorge. Heute Nacht mache ich einen Crashkurs über Betriebssysteme!

D

DEAD AS A DODO
TOT WIE EIN DODO

Der Dodo war ein Vogel, der auf Mauritius heimisch war. Er konnte nicht fliegen und wurde gejagt und letztendlich ausgerottet. Es gibt also nichts, was toter sein könnte als ein Dodo.

(USA: dead as a doornail)

My cat is dead, as dead as a dodo.
Meine Katze ist tot, mausetot.

I am afraid the deal is as dead as a dodo. They are selling to someone else.
Ich fürchte, das Geschäft ist geplatzt. Sie verkaufen an jemand anderen.

His goldfish was dead as a dodo.
Sein Goldfisch war mausetot.

DELIVER THE GOODS
DIE WARE LIEFERN

Entspricht dem deutschen: etwas in die Tat umsetzen

Dieser Ausdruck wird im Geschäftsleben gebraucht, aber nicht nur dort. *To deliver the goods* bedeutet auch, die Erwartungen zu erfüllen.

The boss wants us to increase sales by 50% this year, but with the global crisis it will be difficult to deliver the goods! Der Chef möchte, dass wir den Umsatz in diesem Jahr um 50 % steigern, aber in Anbetracht der weltweiten Krise wird es schwierig sein, das in die Tat umzusetzen!

Wir Engländer verwenden dieses *idiom* derart oft, dass wir häufig nur noch *to deliver* sagen:

My husband promised me a nice holiday for our anniversary. I hope he delivers. Mein Mann hat mir zu unserem Hochzeitstag einen schönen Urlaub versprochen. Ich hoffe, er setzt das auch in die Tat um.

(THE) DIE IS CAST
DER WÜRFEL IST GEFALLEN

Entspricht dem deutschen: die Würfel sind gefallen, es gibt kein Zurück mehr

Ich mag diese Redensart sehr! Sie ist ein Paradebeispiel für die große Weisheit Julius Cäsars. Weitere Erklärungen erübrigen sich, glaube ich.

Bill: Why did you send Johanna to the London meeting? She doesn't understand English! Warum hast du Johanna zu der Sitzung nach London geschickt? Sie versteht kein Englisch!
Colin: Too late! The die is cast. Zu spät! Die Würfel sind gefallen.

DIRE STRAITS
ENTSETZLICHE NOTLAGE

Entspricht dem deutschen: in großen Schwierigkeiten stecken, ohne Ausweg sein

The recession really hit his business hard and now he's in dire straits.
Die Rezession hat sein Geschäft wirklich hart getroffen, und jetzt ist er in großen Schwierigkeiten.

My girlfriend left me and they are repossessing my house, I'm in dire straits.
Meine Freundin hat mich verlassen, und sie nehmen mein Haus wieder in Besitz. Ich bin in großen Schwierigkeiten.

Mark Knopfler is stuck in New York and can't get back for the concert in London because of the ash cloud in Iceland. He's in dire straits.
Mark Knopfler sitzt in New York fest und kann wegen der Aschewolke in Island nicht zu seinem Konzert nach London zurück. Er steckt in großen Schwierigkeiten.

DOG EAT DOG
HUND FRISST HUND

Entspricht dem deutschen: Ellbogengesellschaft

Diese Redewendung verwendet man, wenn eine Person eine andere beiseite drängt, um sich selbst Vorteile zu verschaffen. Sie dient als Rechtfertigung für schlechtes Benehmen zum eigenen Vorteil; es geht ums Überleben, um das Gesetz des Starken, der den Schwachen schluckt. Im Geschäftsleben ist dieses *idiom* natürlich sehr beliebt.

Ian: David, you sacked Toby? But he has a family! David, du hast Toby gefeuert? Aber er hat Familie!

Joe: I know and I'm sorry, but it's a dog eat dog world, Ian. Ich weiß, und es tut mir leid, aber wir leben in einer Ellbogengesellschaft, Ian.

(IN THE) DOGHOUSE
IN DER HUNDEHÜTTE

Entspricht dem deutschen: in Ungnade (fallen)

Wenn sich jemand etwas Schlimmes geleistet und eine andere Person damit verärgert hat, sagt man im Englischen ‚er ist in der Hundehütte'. Da ich mit einer Italienerin verheiratet bin, brauche ich diesen Ausdruck sehr häufig - vielleicht kennst du ja die italienischen Frauen? Machst du etwas Falsches, reden sie tagelang nicht mehr mit dir, und wenn du sie fragst, was denn los ist, antworten sie: ‚Nichts!'. Ich habe bald kapiert, dass das eine Lüge ist: Inzwischen weiß ich, dass ich ein ernsthaftes Problem habe, wenn meine Frau sagt, es sei nichts!

Olive: Jessica, your little boy looks sad, is he ok? Jessica, dein kleiner Sohn sieht traurig aus. Ist alles okay mit ihm?
Jessica: He ate all my biscuits, so he's in the doghouse. Er hat alle meine Kekse gegessen, deshalb ist er bei mir in Ungnade gefallen.

DOWN THE DRAIN
DEN ABFLUSS HINUNTER

Entspricht dem deutschen: alles im Eimer, alles zum Fenster hinausgeworfen

I told him I was an Aston Villa fan and there went the new job opportunity down the drain.
Ich habe ihm gesagt, dass ich Aston-Villa-Fan bin, und damit war die Aussicht auf eine neue Stelle im Eimer.

Don't throw our love down the drain. We can find a solution!
Werf unsere Liebe nicht einfach weg. Wir können eine Lösung finden!

The horse came in last. I was sure it would win. £20 down the drain.
Das Pferd ging als letztes ins Ziel. Ich war mir sicher, dass es gewinnen würde. £20 zum Fenster hinausgeworfen.

(TO) DRAW THE LINE
DIE LINIE ZEICHNEN

Entspricht dem deutschen: hier ist Schluss / einen Schlussstrich ziehen

No, I will not lend you £100! You have already borrowed £500 and you haven't repaid it, sorry, but I must draw the line somewhere.
Nein, ich werde dir keine £100 leihen! Du hast dir bereits £500 geliehen und sie nicht zurückgezahlt. Tut mir leid, aber irgendwann ist Schluss.

It's time to draw the line here, baby. It's finished, I've had enough.
Es ist Zeit, hier einen Schlussstrich zu ziehen, Baby. Es ist vorbei, ich habe genug.

I go out with killers, bank robbers and violent criminals, but I draw the line at Aston Villa fans.
Ich treffe mich mit Mördern, Bankräubern und Kriminellen, aber bei Aston-Villa-Fans ist bei mir Schluss.

DOWN TO EARTH
AUF DIE ERDE HINUNTER

Entspricht dem deutschen: bodenständig

So bezeichnet man eine Person, die realistisch, praktisch, ausgeglichen und direkt ist.

I like my boss. He doesn't make empty promises; he is very down to earth. Ich mag meinen Chef: Er macht keine leeren Versprechungen; er ist sehr bodenständig.

DRINK LIKE A FISH
WIE EIN FISCH TRINKEN

Entspricht dem deutschen: sich volllaufen lassen, wie ein Loch saufen

Dieses idiom habe ich - ehrlich gesagt - nie verstanden. Soviel ich weiß, trinken Fische nicht... und wenn sie trinken, dann sicherlich keinen Alkohol.

He has a beautiful car, but he can never drive it because he drinks like a fish.
Er hat ein wunderschönes Auto, aber er kann nie damit fahren, weil er säuft wie ein Loch.

My granddad drank like a fish before he went to church so he always insulted the priest.
Mein Opa hat sich stets volllaufen lassen, bevor er in die Kirche ging. Deshalb hat er immer den Pfarrer beleidigt.

He drank like a fish for 50 years, you can imagine how much money he drank... all down the drain.
Er hat 50 Jahre lang gesoffen wie ein Loch, du kannst dir vorstellen, wie viel Geld er fürs Trinken ausgegeben hat... alles zum Fenster hinausgeworfen.

DRESSED TO KILL
GEKLEIDET, UM ZU TÖTEN

Entspricht dem deutschen: todschick, aufgedonnert

Wenn eine Frau gerne möchte, dass die Leute sie mit offenem Mund anstarren, trägt sie in der Regel ihre besten Kleider, die schönsten und auffälligsten Accessoires und ihre neuesten Schuhe. Wenn eine Frau sich so kleidet, dass man sie anschaut und Notiz von ihr nimmt, dann sagt man im Englischen, ‚sie kleidet sich um, zu töten'.

In einem Lied von Roxy Music kommt ein Satz vor, den ich genial finde. Das Lied heißt Dance Away, und der Protagonist weint um eine Frau, die ihn verlassen hat. Irgendwann sieht er sie mit einem anderen Mann und singt 'You dressed to kill, and guess who is dying?' (Du hast dich angezogen, um zu töten, und rate mal, wer stirbt?). Wow!!!

DYING FOR SOMETHING (TO BE)
FÜR ETWAS STERBEN

Entspricht dem deutschen: etwas nicht erwarten können/auf etwas brennen

Im Englischen sagt man ‚dass man für etwas stirbt', wenn man es nicht erwarten kann, dass diese Sache eintritt.

So, what did he say? I'm dying to know! Was hat er denn gesagt? Ich brenne darauf, es zu erfahren!

E

(TO) EARN A LIVING
SEINEN LEBENSUNTERHALT VERDIENEN

Das kennst du ja aus dem Deutschen.

A funeral director earns a living on dead people.
Ein Bestattungsunternehmer verdient seinen Lebensunterhalt mit Toten.

All I ask is to earn a living honestly.
Alles, was ich will, ist meinen Lebensunterhalt ehrlich zu verdienen.

I earn a living cleaning the streets.
Ich verdiene meinen Lebensunterhalt mit Straßenkehren.

(TO) EAT LIKE A HORSE
WIE EIN PFERD ESSEN

Entspricht dem deutschen: essen wie ein Scheunendrescher

At Silvia's wedding, I ate like a horse.
Bei Silvias Hochzeit habe ich gegessen wie ein Scheunendrescher.

You had better buy extra steak, Dave's coming tonight and he eats like a horse.
Du hättest besser ein paar Steaks zusätzlich kaufen sollen. Dave kommt heute Abend, und er isst wie ein Scheunendrescher.

I'd rather eat like a horse than like a bird.
Ich esse lieber wie ein Scheunendrescher als wie ein Spatz.

(TO) EAT LIKE A PIG
WIE EIN SCHWEIN ESSEN

You ate like a pig last night, I didn't know where to look.
Du hast gestern Abend wie ein Schwein gegessen. Ich wusste nicht, wohin ich schauen soll.

I can't hear the television when dad eats, he eats like a pig.
Ich kann den Fernseher nicht hören, wenn Papa isst. Er isst wie ein Schwein.

I love to eat alone, so I can eat like a pig and nobody complains.
Ich liebe es, alleine zu essen. Dann kann ich wie ein Schwein essen, und keiner beschwert sich.

(I'LL) EAT MY HAT
ICH WERDE MEINEN HUT ESSEN

Entspricht dem deutschen: einen Besen fressen

Es gibt eine Szene in einem der fantastischen Dick-und-Doof-Filme, in der Doof zu Dick sagt: "Wenn du es schaffst, einen Dollar zu verdienen, dann esse ich meinen Hut". Dick gelingt es, und Doof isst seinen Hut mit Salz und Pfeffer - und schockiert damit Dick.

Dieses idiom wird wie im Deutschen häufig verwendet. Wenn du dir sicher bist, dass etwas nicht eintritt, sagst du "ich fresse einen Besen, wenn das passiert".

If VfB Stuttgart win on Sunday, I'll eat my hat!
Ich fresse einen Besen, wenn der VfB Stuttgart am Sonntag gewinnt!

If Suzie goes out with you, I'll eat my hat.
Wenn Suzie mit dir ausgeht, fresse ich einen Besen.

If you get a job with Telekom, I'll eat my hat.
Wenn du einen Job bei der Telekom bekommst, fresse ich einen Besen.

(AN) EYE FOR AN EYE (AND A TOOTH FOR A TOOTH)

AUGE UM AUGE (UND ZAHN UM ZAHN)

Das ist klar, oder?!

He ate my sandwich, so I am going to eat his brioche, an eye for an eye!
Er hat mein Sandwich gegessen, also werde ich sein Brioche essen - Auge um Auge!

He kissed my girl, so I'm going to kiss his, an eye for an eye, a tooth for a tooth!
Es hat meine Freundin geküsst, also werde ich seine küssen - Auge um Auge, Zahn um Zahn!

He broke my window, so I broke his, an eye for an eye!
Er hat mein Fenster kaputt gemacht, also habe ich seines kaputt gemacht. Auge um Auge!

EVERY CLOUD HAS A SILVER LINING
JEDE WOLKE HAT EIN SILBERNES FUTTER

Entspricht dem deutschen: alles hat sein Gutes / auf Regen folgt Sonnenschein.

Was mir immer gut gefallen hat, ist, dass die Chinesen für "Chance" und "Krise" ein und dasselbe Wort benutzen. Wir hier im Westen neigen ja dazu, in einer Krise (einer Veränderung) etwas Negatives zu sehen. In China hingegen betrachtet man eine Veränderung auch als Chance.

People sometimes say that every cloud has a silver lining to comfort somebody who's having problems. They mean that it is always possible to get something positive out of a situation, no matter how unpleasant, difficult or even painful it might seem.
Manche Menschen sagen, alles hat sein Gutes, um eine Person zu trösten, die Probleme hat. Damit meinen sie, dass es immer möglich ist, etwas Positives aus einer Situation zu gewinnen - egal, wie unerfreulich, schwierig oder gar schmerzhaft diese erscheint.

Don't worry about losing your job, Jessie, every cloud has a silver lining, now you can spend more time with your son.
Mach dir keine Sorgen darüber, dass du deinen Arbeitsplatz verloren hast, Jessie. Alles hat sein Gutes - jetzt kannst du mehr Zeit mit deinem Sohn verbringen.

She met her husband in hospital, so every cloud has a silver lining.
Sie hat ihren Mann im Krankenhaus kennengelernt, alles hat sein Gutes.

The man who ran her over was her long lost son, so every cloud has a silver lining.
Der Mann, der sie überfahren hat, war ihr lang verloren geglaubter Sohn. Jedes Unglück hat auch sein Gutes.

F

FACE THE MUSIC
SICH DER MUSIK ZUWENDEN

Entspricht dem deutschen: die Konsequenzen tragen/die Suppe auslöffeln, die man sich eingebrockt hat

Begeht man einen Fehler, der schlimme Folgen hat, dann kommt irgendwann der Zeitpunkt, an dem man die Konsequenzen daraus tragen muss. ‚Die Musik', steht in diesem Fall für die Anschuldigungen, Kommentare, Probleme, die auf das, was man verbrochen hat, folgen ...

My wife found Lucy's telephone number in my jeans, so I'm in the doghouse. I'll have some more beer, then I'll go home and face the music. Meine Frau hat Lucys Telefonnummer in meiner Jeans gefunden, ich bin also in Ungnade gefallen. Ich trinke noch ein paar Bier, dann gehe ich nach Hause, um die Suppe auszulöffeln, die ich mir eingebrockt habe.

(TO) FACE YOUR DEMONS
SICH SEINEN DÄMONEN STELLEN

Entspricht dem deutschen: sich seinen Ängsten stellen

You should face your demons and fly on the plane.
Du solltest dich deinen Ängsten stellen und mit dem Flugzeug fliegen.

I'm going back to the pub in which I embarrassed myself last night. Time to face my demons.
Ich gehe zurück in das Pub, in dem ich mich letzte Nacht peinlich benommen habe. Es ist Zeit, dass ich mich meinen Ängsten stelle.

I'll face my demons and study English.
Ich werde mich meinen Ängsten stellen und Englisch lernen.

FAIR AND SQUARE
GERECHT UND QUADRATISCH

Sicher kennst du den Begriff fair play, der so viel heißt wie "sauber, gerecht und ohne Tricks spielen".

I beat you fair and square, now pay the bet!
Ich habe dich ganz klar geschlagen, lös jetzt die Wette ein!

I got that promotion fair and square, I worked harder than you.
Ich habe diese Beförderung ganz legitim erhalten. Ich habe härter gearbeitet als du.

Birmingham City beat Aston Villa 7-0 fair and square.
Birmingham City hat Aston Villa mit 7-0 ganz klar besiegt.

FAST AND FURIOUS
SCHNELL UND WÜTEND

Wenn für etwas eine Frist gesetzt ist, oder ein Punkt erreicht werden muss und die Zeit knapp ist, dann kommt man oft schnell und chaotisch zum Ende.

The pace was fast and furious to beat the deadline.
Das Tempo war rasant, damit die Frist eingehalten werden konnte.

The market trading was fast and furious before the close.
An der Börse wurde es hektisch vor Börsenschluss.

The race was fast and furious.
Das Rennen war rasant und hektisch.

FEATHER IN YOUR CAP
FEDER IN DEINER MÜTZE

Was dem Soldat der Orden an der Brust, das ist für einen echten Indianer die Feder am Kopfschmuck.

A feather in your cap zu haben, bedeutet, dass man etwas Bestimmtes erreicht, oder eine Erfahrung gemacht hat, die einem für die Zukunft nützt.

What a successful project! A real feather in your cap.
Welch erfolgreiches Projekt! Darauf kannst du stolz sein.

His experience with the Saturn project gave him a real feather in his cap.
Durch seine Erfahrung mit dem Saturnprojekt ist er einen großen Schritt vorangekommen.

FIFTH WHEEL
FÜNFTES RAD

Was ist das fünfte Rad? Es ist ein Rad mehr als nötig, also ziemlich überflüssig.

We don't need Tony, he's just a fifth wheel.
Wir brauchen Tony nicht, er ist wirklich überflüssig.

We can do without Sally on Sunday, she's a fifth wheel.
Wir kommen am Sonntag ohne Sally aus. Sie ist nur das fünfte Rad am Wagen.

Why do Liverpool play Michael Carrick? He's a fifth wheel in midfield.
Warum lässt Liverpool Michael Carrick spielen? Er ist im Mittelfeld überflüssig.

FIRST COME, FIRST SERVED
ZUERST GEKOMMEN, ZUERST BEDIENT

Entspricht dem deutschen: wer zuerst kommt, mahlt zuerst

The shop opens at 9 and we have limited pizza, first come, first served!
Der Laden öffnet um neun, und wir haben nur eine begrenzte Anzahl an Pizzen. Wer zuerst kommt, mahlt zuerst.

The hairdresser doesn't take appointments, it's first come, first served.
Der Friseur macht keine Termine - wer zuerst kommt, mahlt zuerst.

My mom would always shout from the kitchen 'First come, first served', and we would all run.
Meine Mutter rief immer aus der Küche: "Wer zuerst kommt, mahlt zuerst", und wir rannten alle los.

FIND YOUR FEET
FINDE DEINE FÜSSE

Entspricht dem deutschen: Fuß fassen

Zu Beginn einer neuen Erfahrung steht immer der Lernprozess. Gerade am Anfang gibt es in der Regel die meisten Probleme. Wenn du eine neue Arbeit aufnimmst, einer neuen Aktivität nachgehst oder auch eine neue Sprache lernst, bewegst du dich immer wie auf Eis: Der Boden rutscht dir unter den Füßen weg, und wenn du es dann geschafft hast, Halt zu finden, hast du weniger Probleme beim Weitergehen.

He is still finding his feet with the new team, but he's a great player! Er ist noch dabei, in der neuen Mannschaft Fuß zu fassen, aber er ist ein großartiger Spieler!

FLOG A DEAD HORSE
EIN TOTES PFERD AUSPEITSCHEN

Entspricht dem deutschen: Kraft und Zeit verschwenden/vergebliche Mühe

Zunächst einmal verwendet man im Englischen, wenn man ein Pferd auspeitscht, das Verb *to whip*, und nicht to flog. Dessen Gebrauch ist hier eine Ausnahme. Dieses *idiom* bedeutet, viel Energie für nichts aufzuwenden, weil das, was man anstrebt, unmöglich ist - weil man nichts machen kann, es keine Hoffnung gibt: Es ist, wie ein totes Pferd auszupeitschen.

Erika: Joe said he doesn't love me anymore, but tonight I will wait for him with roses and wine. Joe hat gesagt, er liebe mich nicht mehr, aber heute Abend werde ich mit Rosen und Wein auf ihn warten.
Janet: You're flogging a dead horse, Erica, he doesn't want you! Das ist vergebliche Mühe, Erika. Er will dich nicht!

FULL OF HOT AIR
VOLL HEISSER LUFT

Entspricht dem deutschen: leeres Geschwätz/heiße Luft

Dieser Ausdruck beschreibt eine Situation, in der nichts stimmt - oder eine Person, die ‚voll heißer Luft' ist, die viel redet und nichts zustande bringt ... Wie sang Mina einst so schön: ‚Parole, parole, parole ...' - Worte, Worte, nichts als Worte ...

You promised me a promotion, you promised me an increase in my salary, but nothing... it was all hot air! Sie haben mir eine Beförderung versprochen, eine Gehaltserhöhung, aber nichts ... nur heiße Luft!

Kylie: Samuel is taking me to Venice this summer! Samuel nimmt mich in diesen Sommer mit nach Venedig!
Yasmin: Samuel is full of hot air, Kylie. Please: be more down to earth. Samuel produziert viel heiße Luft, Kylie. Bitte bleib' realistisch.

G

(TO) GET A GRIP
EINEN GRIFF BEKOMMEN

Entspricht dem deutschen: sich zusammenreißen, sich wieder einkriegen

Wenn ich dich fest am Arm packe, I grip your arm, bedeutet das, ich drücke und halte dich fest. Eine Haarklammer, die deine Haare fest zusammenhält, heißt im Englischen hair-grip. Autoreifen müssen nach einigen Jahren gewechselt werden, denn they lose their grip und liegen nicht mehr gut auf der Straße.

Don't cry in front of him, get a grip!
Weine nicht vor ihm, reiß dich zusammen!

You want to kill me because I borrowed your car? You're hysterical, get a grip!
Willst du mich umbringen, weil ich mir dein Auto geliehen habe? Du bist hysterisch, krieg dich wieder ein!

You can't sack me because I'm 5 minutes late. Get a grip, man!
Du kannst mir nicht kündigen, weil ich fünf Minuten zu spät bin. Beruhige dich, Mann.

(TO) GET MY GOAT
MEINE ZIEGE HOLEN

Entspricht dem deutschen: jemanden auf die Palme bringen

Das ist mein Lieblings-idiom im Englischen. Was kann "meine Ziege holen" wohl heißen? Ich sag's dir gleich - Ziegen haben damit wirklich überhaupt nichts zu tun. If you get my goat bedeutet, dass ich mich über dich sehr ärgere und wütend bin.

Do you know what gets my goat? The street vendors who insist too much.
Weißt du, was mich auf die Palme bringt? Straßenverkäufer, die zu penetrant sind.

You really get my goat when you sulk all day.
Du bringst mich wirklich auf die Palme, wenn du den ganzen Tag schmollst.

Policemen who are arrogant for no reason really get my goat.
Polizisten, die ohne Grund arrogant sind, bringen mich auf die Palme.

(TO) GET OUT OF YOUR PRAM
STEIG AUS DEINEM KINDERWAGEN AUS

(Dieses idiom gibt es im amerikanischen Englisch nicht. In den USA würde man sagen: to stick one's nose, where it doesn't belong/to poke one's nose into someone else's business/to put in one's two cents' worth.)

Einer, der aus seinem Kinderwagen aussteigt, ist jemand, der sich in Dinge einmischt, die ihn nichts angehen.

Why does Lahm get out of his pram when two other players argue?
Warum mischt sich Lahm immer ein, wenn zwei andere Spieler streiten?

My mom loves a good argument and will always get out of her pram even if she doesn't know the people involved.
Meine Mutter diskutiert gerne und mischt sich immer ein, selbst wenn sie die beteiligten Personen gar nicht kennt.

He'll always get out of his pram, if someone is talking about politics at the pub.
Er mischt sich immer ein, sobald im Pub jemand über Politik redet.

(TO) GET THE GREEN LIGHT
GRÜNES LICHT BEKOMMEN

If we get the green light, we can start work.
Wenn wir grünes Licht bekommen, können wir anfangen zu arbeiten.

Messi got the green light to play against Birmingham City, but Barcelona lost anyway.
Messi hat grünes Licht für das Spiel gegen Birmingham City bekommen, aber Barcelona hat trotzdem verloren.

NATO got the green light to start attacking.
Die NATO hat grünes Licht für einen Angriff bekommen.

GET THE MESSAGE
DIE BOTSCHAFT VERSTEHEN

Entspricht dem deutschen: Hast du das kapiert?

Das Verb *to get* wird - im Gegensatz zu *to understand* - gebraucht, um auszudrücken, dass man ‚einen Gedanken versteht oder erfasst', auch wenn dieser Gedanke nicht ausdrücklich erklärt wird. *To get the message* bedeutet, dass man eine Botschaft erfasst, auch wenn sie nicht explizit mitgeteilt wird - wenn man also zwischen den Zeilen lesen muss.

Anton: David, I heard that you are going out with my daughter. I hope you don't hurt her, because I don't want to hurt you... do you get the message? David, ich habe gehört, dass du mit meiner Tochter ausgehst. Ich hoffe, du tust ihr nicht weh - weil ich dir nicht weh tun möchte ... Hast du das kapiert?

David: Yes, I get the message. Ja, ich habe es kapiert.

GIFT OF THE GAB
DIE GABE DES SCHWÄTZENS

Entspricht dem deutschen: wie ein Wasserfall reden können / ein flottes Mundwerk haben / Überredungskunst besitzen / nicht auf den Mund gefallen sein.

Mir wurde gesagt, Italiener seien in der Lage, eine Frau in weniger als einer Minute mit Worten zu erobern, weil sie wie ein Wasserfall reden können; für Verkäufer ist es auf jeden Fall vorteilhaft, wenn sie diese Gabe besitzen.

He convinced Vicky to go out with him, what a gift of the gab he has.
Er hat Vicky dazu gebracht, mit ihm auszugehen - er besitzt wirklich Überredungskunst.

Neapolitans have an amazing gift of the gab when selling stuff.
Neapolitaner haben ein flottes Mundwerk, wenn sie etwas verkaufen wollen.

He has the gift of the gab, he could sell sand to the Arabs.
Er kann sehr überzeugend reden, er könnte einem Araber Sand verkaufen.

GLASS CEILING
GLÄSERNE DECKE

In manchen Institutionen herrscht Diskriminierung: Es gibt Stellen, an denen Frauen keine Aufstiegsmöglichkeit haben. Es gibt Menschen, die ihrer Nationalität oder ihrer Religion wegen nicht befördert werden - weil es eine gläserne Decke gibt, die man zwar nicht sieht, aber die dennoch existiert.

Some people think there is a glass ceiling for women in some companies, whereas men are favoured for promotion.

Manche Menschen sind der Meinung, dass es in bestimmten Firmen keine Aufstiegschancen für Frauen gibt, Männer dagegen bevorzugt befördert werden.

In Belfast, there was a glass ceiling for Catholics in the public sector.
In Belfast gab es im öffentlichen Dienst keine Aufstiegschancen für Katholiken.

GO BANANAS
BANANE WERDEN

Entspricht dem deutschen: durchknallen/ausflippen

Dieser Ausdruck bedeutet, dass man komplett den Kopf verliert - vor Wut oder vor Freude.

Oh my God! I have broken my mother's favourite vase... she'll go bananas!
Oh Gott! Ich habe die Lieblingsvase meiner Mutter zerbrochen ... sie wird ausflippen!

GO DOWN WELL
GUT HINUNTERGEHEN

Entspricht dem deutschen: gut ankommen

Dieser Ausdruck bezieht sich auf eine Idee oder einen Vorschlag, der guten Anklang findet.

Mike: So, did you ask the boss if you can work less for more money? And did your idea go down well? Hast du denn deinen Chef gefragt, ob du für mehr Geld weniger arbeiten kannst? Und ist deine Idee gut angekommen?
Bob: No, it didn't go down well. He sacked me! Nein, sie ist nicht gut angekommen. Er hat mich gefeuert!

GO DUTCH
AUF HOLLÄNDISCHE ART GEHEN

Wenn zwei oder mehr Personen getrennte Kasse führen, selbst wenn es sich um ein Liebespaar handelt!

He insists we go dutch when we eat out.
Er besteht darauf, dass wir getrennt bezahlen, wenn wir zum Essen ausgehen.

I was hoping we'd go dutch, but I paid and had to walk home.
Ich hatte gehofft, dass wir getrennt bezahlen würden, aber ich habe bezahlt und musste zu Fuß nach Hause gehen.

She is a feminist until we have to pay for something! We never go dutch, not even at the pub.
Sie ist so lange Feministin, bis es ums Bezahlen geht. Wir zahlen nie getrennt, nicht einmal im Pub.

H

HALF A MIND
DER HALBE VERSTAND

Entspricht dem deutschen: (große) Lust haben etwas zu tun.

You haven't done your homework! I have half a mind to ground you for a week.
Du hast deine Hausaufgaben nicht gemacht! Ich hätte große Lust, dir eine Woche lang Hausarrest aufzubrummen.

He didn't finish the project on time. I have half a mind to tell his boss.
Er hat das Projekt nicht rechtzeitig fertiggestellt. Ich hätte große Lust, es seinem Chef zu sagen.

You took a month to paint my kitchen! I have half a mind to pay you only half your fee.
Du hast einen Monat gebraucht, um meine Küche zu streichen! Ich hätte große Lust, dir nur den halben Preis zu bezahlen.

HALF BAKED
HALB GEBACKEN

Entspricht dem deutschen: unausgereift, unausgegoren

Your half baked scheme to rob the bank got them in deep trouble.
Dein unausgegorener Plan für den Bankraub hat sie in große Schwierigkeiten gebracht.

Why did I listen to your half baked plan?
Warum habe ich mir deinen unausgegorenen Plan angehört?

I'm sick of your half baked ideas on getting rich quick... just find a job!
Ich habe deine unausgegorenen Pläne, wie man möglichst schnell reicht wird, satt... such dir einfach eine Arbeit!

"We'll just catch the first plane out of the Birmingham airport", you said, "it will be an exciting adventure!" (and we're stuck in the airport.) You and your half baked ideas!
"Wir könnten einfach das erste Flugzeug vom Flughafen in Birmingham nehmen" sagtest du, "das wird ein aufregendes Abenteuer!" (und jetzt stecken wir am Flughafen fest.) Du und deine unausgereiften Ideen!

HAND IN GLOVE
HAND IM HANDSCHUH

Entspricht dem deutschen: unter einer Decke stecken

Mit diesem Ausdruck beschreibt man zwei Personen, die sich häufig sehen und daher eng miteinander verbunden - manchmal auch Komplizen - sind.

Be careful what you say, when Judy is here. She is hand in glove with the boss.
Sei vorsichtig mit dem, was du sagst, wenn Judy hier ist. Sie steckt mit dem Chef unter einer Decke.

HANDS DOWN
HÄNDE RUNTER

Hands down bedeutet "zweifellos" und steht immer am Ende des Satzes.

Messi is the best player in the world hands down.
Messi ist zweifellos der beste Spieler der Welt.

She is the most beautiful hands down.
Sie ist zweifelsohne die Schönste.

He's the best boss I've ever had hands down.
Er ist zweifellos der beste Chef, den ich je hatte.

HANGING BY A THREAD
AN EINEM FADEN HÄNGEN

Dieser Ausdruck bedeutet: Ein Risiko eingehen, sich stets in Gefahr bewegen, am seidenen Faden hängen...

He had a terrible heart attack and now his life is hanging by a thread.

Er hatte einen schrecklichen Herzinfarkt, und sein Leben hängt jetzt an einem seidenen Faden.

He made a mistake that cost the company millions and his career is hanging by a thread.
Ihm ist ein Fehler unterlaufen, der die Firma Millionen gekostet hat - seine Karriere hängt am seidenen Faden.

2 minutes left and we are losing 2-0, our future in the premiership is hanging by a thread.
Noch zwei Minuten, und wir verlieren 2-0; unsere Zukunft in der ersten Liga hängt am seidenen Faden.

HAPPY MEDIUM
GLÜCKLICHE MITTE

Entspricht dem deutschen: einen Kompromiss finden - den goldenen Mittelweg, die goldene Mitte.

She wanted to go to Spain and I wanted to go to Greece, we found a happy medium and went to France.
Sie wollte nach Spanien fahren und ich nach Griechenland. Wir haben den goldenen Mittelweg gefunden und sind nach Frankreich gegangen.

She goes out with her friends on Friday and I go out with mine on Saturday... that's the happy medium that we found.
Sie geht freitags mit ihren Freunden aus und ich samstags mit meinen... Das ist der Kompromiss, den wir gefunden haben.

My boss wants me to travel, but I want to work from home... I think we'll just have to find a happy medium. Maybe a caravan.
Mein Chef möchte, dass ich reise, aber ich will von zu Hause aus arbeiten... Ich denke, wir müssen einen Kompromiss finden. Vielleicht einen Wohnwagen.

HARD UP
HART NACH OBEN

Entspricht dem deutschen: knapp bei Kasse sein

Verwendet man den Ausdruck *hard up*, um jemanden zu beschreiben, dann hat diese Person sehr wenig Geld. Auch bei einer Firma, die über wenig Mittel verfügt, spricht man von *hard up*: In Wahrheit haben Firmen immer Geld, behaupten aber trotzdem, sie seien knapp bei Kasse - so ist es eben!

I would like to come with you to Paris, but I'm hard up at the moment!
Ich würde gerne mit dir nach Paris kommen, aber ich bin zur Zeit knapp bei Kasse!

(TO) HAVE YOUR CAKE AND EAT IT, TOO
DEINEN KUCHEN HABEN UND IHN AUCH ESSEN

Entspricht dem deutschen: auf zwei Hochzeiten gleichzeitig tanzen.

Möchtest du, dass dein schöner Kuchen ganz bleibt und ihn gleichzeitig essen? Man kann nicht alles haben...

He wants to marry her, but live on his own, he wants to have his cake and eat it, too.
Er möchte sie heiraten, aber auch alleine leben - man kann nicht auf zwei Hochzeiten gleichzeitig tanzen.

He said I can sing in his club, but I have to bring people and he won't pay me, he wants to have his cake and eat it, too.
Er sagte, ich könne in seinem Club singen, aber ich müsse Leute mitbringen, und er werde mich nicht bezahlen. Er möchte immer alles haben.

She wants me to buy her a car because she needs her money to go on holiday with her mother, she wants to have her cake and eat it, too.
Sie möchte, dass ich ihr ein Auto kaufe, weil sie ihr Geld braucht, um mit ihrer Mutter Urlaub zu machen - sie möchte gerne alles haben.

HEAD IN THE CLOUDS
KOPF IN DEN WOLKEN

Entspricht dem deutschen: über den Wolken schweben / in höheren Sphären schweben

Jemand, der den Kopf in den Wolken hat, ist ein Träumer; er ist zerstreut und steht nicht mit beiden Füßen fest auf dem Boden.

She's a dreamer. When I talk to her, I feel she isn't there. She has her head in the clouds. Sie ist eine Träumerin. Wenn ich mit ihr rede, habe ich den Eindruck, dass sie abwesend ist. Sie schwebt in höheren Sphären.

Get your head out of the clouds and listen! Komm auf den Boden zurück und hör mir zu!

HEART IN THE RIGHT PLACE
DAS HERZ AM RICHTIGEN PLATZ HABEN

Entspricht dem deutschen: das Herz am rechten Fleck haben/es gut meinen

Diesen Ausdruck benutzt man für jemanden, der sich irrt, dessen Absichten aber gut und ehrlich sind; wenn jemand in der Überzeugung handelt, dass er das Richtige tut.

Olive: My little Tommy tried to cook dinner and he burned the whole kitchen! Mein kleiner Tommy hat versucht zu kochen und hat die ganze Küche abgebrannt!

Anna: Ah, poor little boy, at least his heart was in the right place. Ach, armer Kleiner, aber er hat es wenigstens gut gemeint.

HEART ON YOUR SLEEVE (TO WEAR YOUR)
DAS HERZ AUF DEM ÄRMEL TRAGEN

Entspricht dem deutschen: das Herz auf der Zunge tragen

Dieser Ausdruck bezeichnet Menschen, die ein offenes Herz haben, die eigenen Gefühle nicht verstecken, emotional und spontan sind.

He gets very emotional at weddings. He has always worn his heart on his sleeve. Bei Hochzeiten wird er immer sehr emotional. Er hat sein Herz schon immer auf der Zunge getragen.

HOT POTATO
HEIẞE KARTOFFEL

Entspricht dem deutschen: heißes Eisen

Achtung: Dieses *idiom* ist nicht zu verwechseln mit dem deutschen Ausdruck „wie eine heiße Kartoffel", der eine andere Bedeutung hat.

Nobody talked about the reduction in staff at the meeting. I think it's still a hot potato for everybody. Bei der Sitzung hat keiner von Personalabbau geredet. Ich denke, das ist für jeden ein heißes Eisen.

I

I'LL CROSS THAT BRIDGE WHEN I COME TO IT
ICH WERDE DIESE BRÜCKE ÜBERQUEREN, WENN ICH DORT BIN

Entspricht dem deutschen: alles zu seiner Zeit; kommt Zeit, kommt Rat

Tim: What will you do, if the police catch you with no license?
Tim: Was wirst du tun, wenn die Polizei dich ohne Führerschein erwischt?
Tom: I'll cross that bridge when I come to it.
Tim: And what will happen when Tracy sees that you've taken her car?
Tim: Und was wird geschehen, wenn Tracy entdeckt, dass du ihr Auto genommen hast?
Tom: I'll cross that bridge when I come to it.
Tim: And where will you then live when she kicks you out?
Tim: Und wo wirst du wohnen, wenn sie dich rauswirft?
Tom: I'll cross that bridge when I come to it.

ICING ON THE CAKE
ZUCKERGUSS AUF DEM KUCHEN

Entspricht dem deutschen: das ist das Sahnehäubchen / die Krönung / das i-Tüpfelchen

The party was wonderful and Julie turning up at the end was just the icing on the cake.
Das Fest war wunderbar und dass Julie am Ende aufgetaucht ist, war das i-Tüpfelchen.

I was so happy to be promoted and finding out that we will be working together is the icing on the cake.

Ich war so glücklich, dass ich befördert worden bin und dass wir zusammenarbeiten werden, ist die Krönung.

To see Aston Villa lose 5-0 was wonderful, but then to see all their players crying in front of their fans was just the icing on the cake.
Aston Villa 5-0 verlieren zu sehen, war wunderbar, aber dann die ganzen Spieler vor den Augen ihrer Fans weinen zu sehen, war das Sahnehäubchen.

IF YOU LIE DOWN WITH DOGS YOU WILL GET UP WITH FLEAS
WENN DU DICH MIT HUNDEN SCHLAFEN LEGST, STEHST DU MIT FLÖHEN AUF

(USA: if you play with fire, you have to expect to get burned/if you play in the mud, you have to expect to get dirty)

Wer sich mit den falschen Leuten einlässt, behält etwas zurück, das er entweder nie oder sehr schlecht wieder los wird, und das ist immer negativ.

Tim: Nobody wanted to employ Herbert after his friends had published certain photos on the internet.
Tim: Keiner wollte Herbert einstellen, nachdem seine Freunde gewisse Fotos im Internet veröffentlicht hatten.
Tom: If you lie down with dogs, you will get up with fleas.

IF IT ISN'T BROKE DON'T FIX IT!
REPARIERE ES NICHT, WENN ES NICHT KAPUTT IST

Entspricht dem deutschen: Lass' die Finger davon!

Achtung: Bei diesem Ausdruck ist die Form des Verbs, *broke*, grammatikalisch falsch. Korrekt müsste es eigentlich *broken* heißen, aber dieses *idiom* lautet nun mal eben so!

Mir gefällt diese Redewendung sehr, und ich habe sie häufig benutzt, als ich mit amerikanischen Firmen gearbeitet habe. Oftmals sollen Dinge ohne ersichtlichen Grund verändert werden: Warum aber etwas verändern, das gut ist? Warum etwas reparieren, das nicht kaputt ist? *Never change a winning team!*

Writer (Schriftsteller): I am going to change the story. Ich werde die Geschichte umschreiben.
Fan: But the story is wonderful! Please, if it isn't broke, don't fix it! Aber die Geschichte ist wunderbar! Bitte lass' die Finger davon.

IGNORANCE IS BLISS
UNWISSENHEIT IST GLÜCKSELIGKEIT

Entspricht dem deutschen: selig sind die geistig Armen

Wenn du über eine schlimme Sache nicht Bescheid weißt, bist du manchmal im Vorteil. Unwissenheit kann weniger schmerzhaft sein; man fühlt sich besser.

I didn't know the neighbour was a hooligan, until the police arrived. Ignorance is bliss! Ich wusste nicht, dass der Nachbar ein Hooligan ist, bis die Polizei kam. Selig sind die geistig Armen!

IN A NUTSHELL
IN EINER NUSSSCHALE

Entspricht dem deutschen: kurz gesagt, mit einem Wort

Dieser Ausdruck wird verwendet, wenn man eine kurze Zusammenfassung über etwas liefert, den „Kern der Sache" wiedergibt - also mit wenigen Informationen eine lange Rede zusammenfasst.

Boss (Chef): Did you send the e-mail? Haben Sie die E-Mail verschickt?
Linda: I wanted to, but I was out of the office. Ich wollte eigentlich, aber ich war nicht im Büro.
Boss (Chef): So, in a nutshell, no! Also mit einem Wort: nein!
Linda: Exactly. Genau.

IN DONKEY'S YEARS
IN DEN JAHREN EINES ESELS

Mit diesem idiom bezeichnet man einen sehr langen Zeitraum.

I haven't had a glass of water in donkey's years.
Ich habe schon seit Ewigkeiten kein Glas Wasser mehr getrunken.

I saw an Elvis film for the first time in donkey's years and it was great.
Ich habe nach ewig langer Zeit wieder einen Elvis-Film gesehen, und er war großartig.

He hasn't sung in donkey's years which is a pity because he's a great singer.
Er hat seit einer Ewigkeit nicht mehr gesungen. Das ist schade, weil er ein großartiger Sänger ist.

IN THE LONG RUN
IM LANGEN LAUF

Entspricht dem deutschen: auf lange Sicht

Diesen Ausdruck verwendet man, wenn etwas im Moment schwierig ist, aber langfristig zu einem guten Ergebnis führen wird.

I am buying a house, which is killing me financially, but in the long run it is worth it. Ich kaufe ein Haus, was mich finanziell ruiniert, aber auf lange Sicht ist es das wert.

IN THE BAG
IN DER TASCHE

Entspricht dem deutschen: unter Dach und Fach/gebongt

Dieses *idiom* ist einfach zu schön. Nehmen wir einmal an, du sollst eine Maus fangen. Die Maus ist dein Ziel. Wenn du sie gefangen hast, steckst du sie in deine Tasche. *It's in the bag!*

Simon: Did you ask Judy to go out with you? Hast du Judy gefragt, ob sie mit dir ausgeht?
Len: Yes. It's in the bag! Ja. Das ist gebongt!

J

JOINED AT THE HIP
AN DER HÜFTE VEREINT

Entspricht dem deutschen: wie siamesische Zwillinge

Why do you have to come to the party with me? We're not joined at the hip.
Warum musst du mit mir auf die Party gehen? Wir sind doch keine siamesischen Zwillinge.

Concy, if you come to my office, as well, people will start to think we're joined at the hip.
Concy, wenn du auch noch in mein Büro kommst, denken die Leute, wir wären siamesische Zwillinge.

Those two are always together, they seem like they're joined at the hip.
Diese beiden stecken immer zusammen wie siamesische Zwillinge.

(TO) JUMP THE GUN
DIE PISTOLE SPRINGEN

Entspricht dem deutschen: voreilig handeln, einen Frühstart hinlegen, etw überstürzen

Let's not jump the gun and rush into marriage... we've only been together 25 years.
Lass uns nichts überstürzen und zu schnell heiraten ... Wir sind erst 25 Jahre zusammen.

I think you're jumping the gun by going to live with her so soon.
Ich glaube, du überstürzt die Dinge, wenn du so bald mit ihr zusammenziehst.

I don't want to jump the gun and run a marathon, I only started jogging a month ago.
Ich möchte nichts überstürzen und jetzt einen Marathon laufen; ich habe erst vor einem Monat mit dem Joggen begonnen.

She jumped the gun quitting her job before getting a new one.
Es war voreilig von ihr, ihren Job zu kündigen, bevor sie einen neuen hatte.

(TO) JUMP TO CONCLUSIONS
ZU DEN SCHLUSSFOLGERUNGEN SPRINGEN

Entspricht dem deutschen: voreilige Schlüsse ziehen

Boy: Hello, what's your name?
Girl: Go away!
Boy: I don't want to jump to conclusions, but I don't think you like me.
Woman 1: I just wanted to watch a film with him and he jumped to conclusions and thought I wanted a romantic date!
Woman 2: All men are the same!

You came in one hour late and left one hour early... I don't think I'm jumping to conclusions if I think you don't like your job.
Das hier muss ich wohl nicht übersetzen: Du hast es verstanden, oder?

(IT'S A) JUNGLE OUT THERE
DORT DRAUSSEN IST EIN DSCHUNGEL

Entspricht dem deutschen: etwas Unklares, auf das man sich besser nicht einlässt.

Don't trust people too soon, people can take advantage of the information you give them... it's a jungle out there.
Trau den Menschen nicht zu früh, sie können die Informationen, die du ihnen gibst, ausnutzen... Da draußen ist es wie im Haifischbecken.

Just keep yourself to yourself and don't cause trouble. It's a jungle out there.
Bleib am besten für dich und mach keine Schwierigkeiten. Die Welt ist böse.

Remember Tarzan, hide your bananas. It's a jungle out there.
Tarzan, denk dran, deine Bananen zu verstecken. Dort draußen herrscht das Gesetz des Dschungels.

Don't get yourself fired.
In this job market, it's a jungle out there!
Lass dir nicht kündigen.
Auf diesem Arbeitsmarkt geht es zu wie im Urwald.

(THE) JURY IS OUT
DIE JURY IST DRAUSSEN

Wenn die Jury nicht im Gerichtssaal ist, heißt das, dass sie sich berät. Dieses wunderschöne idiom verwenden wir, wenn wir auf eine wichtige Entscheidung warten. Das letzte Wort ist also noch nicht gesprochen.

I don't know whether to forgive him, or not. The jury is still out on that one.
Ich weiß nicht, ob ich ihm verzeihen soll oder nicht. Das letzte Wort ist noch nicht gesprochen.

The jury is out on the new manager, he may lose his job, or they may give him a chance.
Das letzte Wort wegen des neuen Geschäftsführers ist noch nicht gesprochen. Es kann sein, dass er seinen Job verliert oder dass sie ihm noch eine Chance geben.

So, are we going to attend the party or is the jury still out on it?
Gehen wir jetzt zu der Party, oder steht die Entscheidung noch aus?

K-L

(TO) KEEP SOMETHING AT BAY
ETW AUF DISTANZ HALTEN

Entspricht dem deutschen: sich etwas oder jemanden vom Leib halten

Garlic keeps the vampires at bay.
Knoblauch hält dir Vampire vom Leib.

Keep him at bay, he's bad news.
Halte ihn fern. Er macht immer Probleme.

The scarecrow keeps the birds at bay.
Die Vogelscheuche hält die Vögel auf Distanz.

(TO) KEEP IN TOUCH
IN BERÜHRUNG BLEIBEN

Entspricht dem deutschen: in Kontakt mit jemandem bleiben, jemanden auf dem Laufenden halten

She never kept in touch, which really hurt.
Sie hat den Kontakt nie aufrechterhalten, was wirklich wehtat.

I might need you again, soon, so I'll keep in touch.
Ich brauche dich vielleicht bald wieder, ich werde also in Kontakt mit dir bleiben.

It was a summer romance, we kept in touch for a few months, then it ended.
Es war eine Sommerromanze, wir sind noch ein paar Monate in Kontakt geblieben, und dann war Schluss.

(TO) KEEP IT UNDER YOUR HAT
HALTE ES UNTER DEINEM HUT

Entspricht dem deutschen: behalte es für dich

I think he's leaving the company, but keep it under your hat.
Ich glaube, er verlässt die Firma, aber behalte es für dich.

You're getting promoted, but keep it under your hat, you're not supposed to know.
Du wirst demnächst befördert, aber behalte es für dich. Du sollst es eigentlich nicht wissen.

The word is that we're merging with Sony, keep it under your hat.
Es geht das Gerücht um, dass wir mit Sony fusionieren, aber behalte es für dich.

(TO) KEEP ME POSTED
HALTE MICH AUF DEM LAUFENDEN

Entspricht dem deutschen: lass mich wissen, was es Neues bei dir gibt und bleibe in Kontakt mit mir

I've sent the report to London, so they'll decide what to do. Please keep me posted.
Ich habe den Bericht nach London geschickt, damit sie entscheiden, was zu tun ist. Bitte halte mich auf dem Laufenden.

I heard Lukas isn't well, please keep me posted on how he is.
Ich habe gehört, dass es Lukas nicht gut geht. Bitte halte mich auf dem Laufenden, wie es ihm geht.

I always kept my mum posted on what I was doing when I was in America.
Ich habe meine Mutter immer auf dem Laufenden gehalten über das, was ich gemacht habe, als ich in Amerika war.

(TO) KEEP YOUR COOL
HALTE DEINE KÄLTE

Entspricht dem deutschen: die Ruhe bewahren, sich nicht aufregen

A good leader will always keep his cool when things go wrong.
Eine gute Führungskraft wird immer die Ruhe bewahren, wenn etwas schiefläuft.

I know you're angry, but just keep your cool when you talk to him.
Ich weiß, dass du sauer bist, aber reg dich nur nicht auf, wenn du mit ihm redest.

It's hard to keep your cool when someone provokes you.
Es ist schwierig, die Ruhe zu bewahren, wenn dich jemand provoziert.

KILL TWO BIRDS WITH ONE STONE
ZWEI VÖGEL MIT EINEM STEIN TÖTEN

Entspricht dem deutschen: zwei Fliegen mit einer Klappe schlagen

Die netten Deutschen schlagen lediglich zwei Fliegen mit einer Klappe, während wir barbarischen Engländer gleich zwei Vögel mit einem Stein töten! Die Bedeutung ist jedoch dieselbe.

I am going to the supermarket near David's house because I need to speak to him. That way, I can kill two birds with one stone. Ich gehe in den Supermarkt in der Nähe von Davids Haus, weil ich mit ihm reden muss. So kann ich zwei Fliegen mit einer Klappe schlagen.

LABOUR OF LOVE
ARBEIT DER LIEBE

Das ist eine Arbeit, die du machst, weil sie dir gefällt, oder aber aus Liebe - aber nicht um des Geldes wegen.

For him, growing carrots in the garden is a labour of love.
Karotten im Garten anzupflanzen ist für ihn eine Leidenschaft.

Instant English was a labour of love for me and the fact that it started a new career was a bonus.
Instant English war ein Projekt, das mir am Herzen lag. Die Tatsache, dass es mir neue berufliche Möglichkeiten eröffnet hat, war ein Bonus.

He is her labour of love, he's hard work, but she loves him.
Er ist ihre Leidenschaft; er ist ein hartes Stück Arbeit, aber sie liebt ihn.

LAP-DOG
SCHOSSHÜNDCHEN

Eine Frage vorab: Was ist überhaupt ein lap?

If you sit on my lap, dann sitze ich, und du sitzt auf meinen Beinen - auf meinem Schoß eben.
Ich platziere meinen tragbaren Computer auf meinen Beinen, deshalb heißt er lap-top.
Eine Frau, die lap-dancer ist, tanzt um deine Beine herum, während du sitzt.
Ein lap-dog ist ein gehorsames Hündchen, das es sich auf deinem Schoß gemütlich macht.

Wenn du jemanden als lap-dog bezeichnest, dann handelt es sich um eine unterwürfige Person, die den Chef um jeden Preis glücklich machen will.

Was Britain America's lap-dog in the war?
War Großbritannien im Krieg der Spielball Amerikas?

Don't trust him, he's the director's lap-dog.
Trau ihm nicht, er ist der Liebling des Direktors.

He doesn't respect his wife, she's just his lap-dog.
Er hat keine Achtung vor seiner Frau, sie ist lediglich sein Schoßhündchen.

LAST DITCH
DER LETZTE GRABEN

Ein last ditch ist ein allerletzter verzweifelter Versuch, der höchstwahrscheinlich fehlschlagen wird.

They tried to block the crack in the oil pipe with 1,000 tons of toilet paper in a last ditch attempt to stop the leak.

Sie haben versucht, den Riss in der Ölleitung mit 1.000 Tonnen Toilettenpapier zu stopfen, als allerletzten Versuch, das Leck zu schließen.

Even the goalkeeper pushed forward in a last ditch attempt to equalize.
Selbst der Torhüter ist in einem allerletzten Versuch nach vorne geprescht, um den Ausgleich zu erzielen.

In a last ditch attempt to win her back he sent 1,000 roses, but it didn't work.
Als allerletzten Versuch, sie zurückzugewinnen, hat er ihr 1.000 Rosen geschickt, aber es hat nicht funktioniert.

LAST RESORT
LETZTER AUSWEG

Entspricht dem deutschen: der letzte Ausweg

Genau wie im Deutschen besagt dieses *idiom*, dass alle sonstigen Möglichkeiten ausgeschöpft sind. Es bleibt nur noch der letzte Ausweg!

William: Would you work as a Funeral director? Würdest du als Leichenbestatter arbeiten?
Jonathan: Only as a last resort. Nur als letzter Ausweg.

(THE) LAST STRAW
DER LETZTE STROHHALM

Dieses idiom heißt soviel wie 'das Fass zum Überlaufen bringen'.

It was the last straw that broke the donkey's/camel's back.
Es war der letzte Strohhalm, der dem Esel/dem Kamel das Rückgrat gebrochen hat.

He took my car? That's the last straw... I want him out of the house!
Er hat mein Auto genommen? Das bringt das Fass zum Überlaufen... Er kommt mir nicht mehr ins Haus!

Sorry, Jenkins, but you have ruined yet another project and this is the last straw... you're fired.
Tut mir leid, Jenkins, aber Sie haben schon wieder ein Projekt ruiniert, und das bringt das Fass zum Überlaufen... Sie sind entlassen.

I forgave her for many things, but her affair with my friend was the last straw.
Ich habe ihr vieles verziehen, aber ihre Affäre mit meinem Freund hat das Fass zum Überlaufen gebracht.

LEARN THE ROPES
DIE SEILE LERNEN

Entspricht dem deutschen: sich einarbeiten

Auch dieses *idiom* gefällt mir sehr: Es stammt aus der Welt der Schiffe und nimmt darauf Bezug, dass ein neuer Matrose sämtliche Seile kennenlernen musste, die zum Steuern und Navigieren des Schiffes nötig waren. Man bezieht sich damit auf den Zeitraum, in dem jemand etwas Neues lernt - wenn er etwas von der Pike auf lernt.

My job was difficult at the beginning because I was learning the ropes. It is easy, now. Meine Arbeit war zu Beginn schwierig, weil ich mich einarbeiten musste. Jetzt ist sie einfach.

(THE) LEFT HAND DOESN'T KNOW WHAT THE RIGHT HAND IS DOING

DIE LINKE HAND WEISS NICHT, WAS DIE RECHTE TUT

Wenn die linke Hand nicht weiß, was die rechte Hand tut, dann funktioniert die Kommunikation innerhalb einer Firma, einer Gruppe, einer Organisation oder auch einer Familie so schlecht, dass der eine nicht weiß, was der andere tut.

The hotel manager told me to call reception, but then reception told me to call the manager. The left hand doesn't know what the right hand is doing!
Der Hotelmanager hat mir gesagt, ich solle an der Rezeption anrufen, aber an der Rezeption sagte man mir, ich solle den Manager anrufen. Die linke Hand weiß nicht, was die rechte Hand tut.

She told me they are going to Spain, he said they are going to Paris. The left hand doesn't know what the right hand is doing!
Sie hat mir gesagt, dass sie nach Spanien gehen, während er mir gesagt hat, dass sie nach Paris gehen. Der eine weiß nicht, was der andere tut.

LET SLEEPING DOGS LIE

LASS SCHLAFENDE HUNDE LIEGEN

Entspricht dem deutschen: schlafende Hunde soll man nicht wecken

Genau wie im Deutschen ist das eine Aufforderung, gewisse heikle Themen zu meiden, den Frieden zu genießen und konfliktträchtige Angelegenheiten zu umgehen.

Robert: I will never forgive Bill for telling the Boss I am lazy. I must tell him what I think of him! Ich werde es Bill niemals verzeihen, dass er dem Chef gesagt hat, ich sei faul. Ich muss ihm sagen, was ich von ihm halte!

Jody: Oh, come on Robert, let sleeping dogs lie, please. Oh, sei still, Robert, schlafende Hunde soll man nicht wecken.

LICK SOMEONE'S BOOTS
JEMANDEM DIE STIEFEL LECKEN

Entspricht dem deutschen: jdm. die Füße küssen, jdm. in den Hintern kriechen

Dieses *idiom* umschreibt einen Kriecher ...

I worked in that company for twenty years and I never licked the manager's boots. That is why he respected me! Ich habe zwanzig Jahre lang in dieser Firma gearbeitet, und bin dem Chef niemals in den Hintern gekrochen. Deshalb hat er mich respektiert!

LIGHT AT THE END OF THE TUNNEL
LICHT AM ENDE DES TUNNELS

Entspricht dem deutschen: Licht am Ende des Tunnels sehen

Auch in schwierigen und verzweifelten Situationen keimt am Ende oft noch Hoffnung auf: ein Sonnenstrahl am Ende des Tunnels, ein Ausweg aus einer verzweifelten Lage, eine Lösung.

Boss (Chef): The crisis is very bad; this time I can't see the light at the end of the tunnel. Die Krise ist wirklich schlimm; dieses Mal kann ich kein Licht am Ende des Tunnels sehen.

(THE) LIGHTS ARE ON, BUT NOBODY IS AT HOME
DIE LICHTER SIND AN, ABER KEINER IST ZU HAUSE

Entspricht dem deutschen: mit offenen Augen schlafen

Das ist mein absolutes Lieblings-Idiom! *I love it!* Und ich benutze es ganz oft.

Wenn du ein hell erleuchtetes Haus siehst, denkst du, es sei jemand da, richtig? Stellen wir uns also vor, dein Kopf ist ein Haus, und die Augen sind die Fenster. Diesen Ausdruck verwendet man, wenn jemand gedankenverloren oder sehr, sehr müde ist: Die Augen sind geöffnet, die Lichter sind an ... aber es ist keiner zuhause, das Gehirn ist abwesend.

Laura: Are you coming to the party, Sarah? Kommst du zu der Party, Sarah?
Sarah: Eh? Hä?
Laura: The party, tonight! Die Party heute Abend!
Sarah: What? Was?
Laura: Oh dear, the lights are on, but nobody is at home! Oh je, du schläfst ja mit offenen Augen!

LIKE A DUCK (TAKES) TO WATER
WIE EINE ENTE SICH ANS WASSER ANPASST

Wenn jemand über ein natürliches Talent für etwas verfügt, dann macht er diese Sache mit derselben Leichtigkeit, wie eine Ente ins Wasser gleitet - er ist ganz in seinem Element.

He took to painting like a duck (takes) to water.
Beim Malen fühlte er sich gleich in seinem Element.

She took to ballet dancing like a duck (takes) to water, she was born to dance.
Wenn sie Ballett tanzt, ist sie gleich in ihrem Element; sie ist die geborene Tänzerin.

The new boy started the new job like a duck (takes) to water.
Der Neue fühlte sich an seiner neuen Stelle gleich in seinem Element.

LOOK ON THE BRIGHT SIDE
SCHAU DIE HELLE SEITE AN

Entspricht dem deutschen: sieh die positiven Seiten

Dieser Ausdruck fordert dazu auf, sich den hellen und positiven Seiten von Dingen, Personen oder Situationen zuzuwenden.

Lenny: I have lost all my hair! Ich habe all meine Haare verloren!
Charles: Well, look on the bright side... you will save money on shampoo! Nun ja, sieh es positiv ... du sparst das Geld für Shampoo!

M

MADE OF MONEY
AUS GELD GEMACHT

Entspricht dem deutschen: Geld wie Heu haben / im Geld schwimmen

Diese Redewendung bezeichnet jemanden, der viel Geld hat.

Little boy (kleiner Junge): Mom, I want a new bike and a new pair of tennis shoes and a new toy car! Mama, ich will ein neues Fahrrad und ein Paar neue Tennisschuhe und ein neues Spielzeugauto!
Mother (Mutter): Steven, I'm not made of money! Steven, ich habe doch nicht Geld wie Heu!

MAKE A KILLING
EINEN MORD BEGEHEN

Entspricht dem deutschen: ein Riesengeschäft machen

Dieser Ausdruck bedeutet, viel Geld zu scheffeln.

Gary had an idea. He sold hamburgers outside the discos at night. He made a killing! Gary hatte eine Idee. Er hat abends vor Diskotheken Hamburger verkauft. Er hat ein Riesengeschäft gemacht!

(TO) MAKE ENDS MEET
DIE ENDEN SICH TREFFEN LASSEN

Wenn jemand Schwierigkeiten damit hat, die Enden sich treffen zu lassen, dann fällt es ihm schwer, mit dem Geld, das er verdient, über die Runden zu kommen.

She does two jobs to make ends meet.
Sie hat zwei Stellen, um über die Runden zu kommen.

To make ends meet, I clean the local pub.
Um über die Runden zu kommen, putze ich in der Dorfkneipe.

It was hard to make ends meet in the recession.
Während der Rezession war es schwierig, über die Runden zu kommen.

MAKE A MOUNTAIN OUT OF A MOLE HILL
AUS EINEM MAULWURFSHÜGEL EINEN BERG MACHEN

Entspricht dem deutschen: aus einer Mücke einen Elefanten machen

Diesen Ausdruck verwendet man, wenn jemand überreagiert. Ein kleines Problem - vergleichbar mit dem kleinen Erdhügelchen, das ein Maulwurf produziert - wird wie ein Berg wahrgenommen.

Timothy: I didn't go to work today, because I was ill. My wife called my doctor and asked him to come immediately with an ambulance! I only had a cold! She always makes a mountain out of a mole hill! Ich bin heute nicht zur Arbeit gegangen, weil ich krank war. Meine Frau hat meinen Arzt angerufen und ihn gebeten, sofort mit einem Krankenwagen zu kommen! Ich hatte nur eine Erkältung! Sie macht immer aus einer Mücke einen Elefanten!

(TO) MAKE OR BREAK
MACHEN ODER KAPUTT MACHEN

Eine make or break Entscheidung bestimmt über den Erfolg oder das Scheitern einer Sache.

This project will be make or break for the company.
Dieses Projekt wird für die Firma entscheidend sein.

This holiday will be make or break for our marriage.
Dieser Urlaub wird ausschlaggebend für den Fortbestand unserer Ehe sein.

Ok, I'm betting my last chip on red. It's make or break on 7 red.
Okay, ich setze meinen letzten Chip auf Rot. Die rote 7 - Hopp oder Topp.

MAKE UP FOR LOST TIME
VERLORENE ZEIT WIEDERGUTMACHEN

Entspricht dem deutschen: verlorene Zeit wieder aufholen

Dieses *idiom* bezeichnet das Wiederaufholen von verlorener Zeit. Wenn man eine Stunde zu spät zur Arbeit erscheint, bleibt man vielleicht abends eine Stunde länger, um die verlorene Zeit wieder aufzuholen.

Andrew: I'm going to America next week with my daughter. We are staying there for three months. Ich gehe nächste Woche mit meiner Tochter nach Amerika. Wir bleiben drei Monate dort.
Bert: Three months? Just you and your daughter? Drei Monate? Nur du und deine Tochter?
Andrew: Yes, I was never around in recent years because of my job. I want to make up for lost time with her. Ja, ich war die letzten

Jahre aufgrund meiner Arbeit nie zu Hause. Ich möchte die verlorene Zeit mit ihr wieder aufholen.

(TO) MEET SOMEONE HALFWAY

JEMANDEN AUF HALBER STRECKE TREFFEN

Entspricht dem deutschen: jemandem (auf halbem Weg) entgegenkommen.

I just want to go out with my friends sometimes, can't we just meet halfway?
Ich möchte lediglich manchmal mit meinen Freunden ausgehen; kannst du mir nicht ein bisschen entgegenkommen?

I don't want to work weekends, but we are working against the clock on the project. What if we meet halfway and I work extra time in the evenings?
Ich möchte nicht an den Wochenenden arbeiten, aber wir arbeiten bei diesem Projekt gegen die Zeit. Wie wäre es, wenn wir uns auf halbem Weg entgegenkommen und ich abends Überstunden mache?

The problem is that she won't meet me halfway. It's how she wants it, or nothing.
Das Problem ist, dass sie mir nicht entgegenkommen wird. Entweder läuft es so, wie sie es will, oder es läuft nichts.

MISS THE BOAT

DAS BOOT VERPASSEN

Entspricht dem deutschen: den Anschluss verpassen, der Zug ist abgefahren

Dieser Ausdruck bezieht sich auf eine verpasste Gelegenheit, die vielleicht nie wieder kommen wird.

Charles: Boss, I heard that there is a chance to work in the American branch of our company. I talked to my wife and she understands that it's a great opportunity for me. Chef, ich habe gehört, dass die Möglichkeit besteht, in der amerikanischen Niederlassung unserer Firma zu arbeiten. Ich habe mit meiner Frau gesprochen, und sie meint, dass das für mich eine großartige Chance ist.
Boss (Chef): Well, it isn't really your problem because the opportunity is for Mr Smith, not for you. Nun ja, das ist nicht wirklich dein Problem – es ist nämlich eine Chance für Herrn Smith und nicht für dich!
Charles: Oh no, so have I missed the boat? Oh nein, ist der Zug für mich bereits abgefahren?
Boss (Chef): No, Charles, there was no boat to miss for you! And, stop making a mountain out of a mole hill! Nein, Charles, es gab für dich keinen Zug, der abfahren konnte! Und hör auf, aus einer Mücke einen Elefanten zu machen!

MIXED FEELINGS
GEMISCHTE GEFÜHLE

Entspricht dem deutschen: gemischte Gefühle

Wenn etwas sowohl eine positive also auch eine negative Seite hat, so führt das eben zu gemischten Gefühlen.

Mark: Sally is going to work in America. Well, on the one hand I am happy for her, but on the other hand I will miss her enormously. I have mixed feelings about it. Sally geht nach Amerika, um dort zu arbeiten. Na ja, einerseits freue ich mich für sie, aber andererseits werde ich sie wahnsinnig vermissen. Ich habe in dieser Hinsicht gemischte Gefühle.

MORE THAN MEETS THE EYE
MEHR ALS DAS AUGE TRIFFT

Entspricht dem deutschen: es steckt mehr dahinter

Diesen Ausdruck benutzt man, wenn man in einer bestimmten Situation vermutet, dass in Wahrheit noch etwas dahinter steckt - mehr als das, was erzählt wird oder man sieht.

Alan: At work, nobody is talking to me. What did I do wrong? Bei der Arbeit spricht keiner mit mir. Was habe ich falsch gemacht?
William: Nothing, everything is fine. Nichts, alles ist okay.
Alan: No, William, everything is calm, but there is more than meets the eye. Nein William, alles ist ruhig, aber es steckt mehr dahinter.

MUSIC TO MY EARS
MUSIK IN MEINEN OHREN

Entspricht dem deutschen: das ist genau das, was ich hören wollte

Hearing that the boss liked our project was music to my ears. We worked so hard on it.
Es war Musik in meinen Ohren, zu hören, dass unser Projekt dem Chef gefallen hat. Wir haben so hart dafür gearbeitet.

Knowing they didn't have to operate on my dad was music to my ears.
Es war Musik in meinen Ohren, zu hören, dass mein Vater nicht operiert werden musste.

If you just say you'll go out with me once, it'll be music to my ears.
Wenn du nur sagen würdest, dass du einmal mit mir ausgehen wirst, dann wäre das Musik in meinen Ohren.

MY FOOT!
MEIN FUSS!

Dieses idiom verwendest du, um auszudrücken, dass du nicht glaubst, was dir jemand erzählt. My foot entspricht dem Deutschen 'dass ich nicht lache'.

He says he earns 2,000 euro a week... 2,000 euro my foot!
Er sagt, er verdiene 2.000 Euro pro Woche... 2.000 Euro, dass ich nicht lache!

You're sorry? You're sorry my foot!
Es tut dir leid? Dass ich nicht lache!

She said she had forgiven me... forgiven me my foot! I still sleep on the sofa!
Sie sagte, sie habe mir verziehen ... verziehen? Dass ich nicht lache! Ich schlafe immer noch auf dem Sofa!

N

NEST EGG
EI IM NEST

Entspricht dem deutschen: Notgroschen

Du hast ein wenig Geld beiseite geschafft, einen Notgroschen? Du hast eine Investition getätigt, die Geld für die Zukunft einbringt? Das ist dein Ei im Nest - eine Sicherheit für die Zukunft.

Samuel: I want to buy a new motorbike, but I can't afford it, now.
Ich möchte ein neues Motorrad kaufen, aber ich kann es mir jetzt nicht leisten.
Tom: Sell your stamp collection! Verkauf doch deine Briefmarkensammlung!

Samuel: Are you crazy? That collection is my nest egg for when I get old. Bist du verrückt? Diese Sammlung ist mein Notgroschen fürs Alter.

NEVER SAY DIE
SAG NIEMALS STERBEN

Wenn jemand zu dir sagt never say die, bedeutet das, dass du die Hoffnung nicht aufgeben sollst.

I like his never say die attitude.
Ich mag seine "nur nicht aufgeben" Haltung.

Liverpool are a never say die team, they never give up.
Liverpool ist eine Mannschaft, die sich nie geschlagen gibt.

It's finished? No, it isn't, come on, never say die. There is still time.
Ist es vorbei? Nein, ist es nicht; komm schon, gib nicht auf. Es ist noch Zeit.

NEW KID ON THE BLOCK
EIN NEUES KIND IN DER NACHBARSCHAFT

A new kid on the block ist jemand, der neu an einer Stelle ist und noch nicht weiß, wie die Dinge laufen.

What do you think of the new kid on the block? He looks confused.
Jake is helping the new kid on the block.
The new kid on the block should ask when he doesn't know what to do.

Die Übersetzung spare ich mir: Diese Sätze hast du verstanden, oder?

NEXT TO NOTHING
IN DER NÄHE VON NICHTS

Entspricht dem deutschen: so gut wie nichts

Dieser Ausdruck bedeutet so viel wie ‚sehr wenig', ‚fast nichts'.

Hey, there are holidays to Cuba that cost next to nothing! Hey, da kann man Urlaub auf Kuba machen, der so gut wie nichts kostet!

NIP IT IN THE BUD
SCHNITT IN DIE KNOSPE

Entspricht dem deutschen: etwas im Keim ersticken.

Wenn du eine Knospe beschneidest, gibt es keine Blüte. Dieses idiom verwenden wir, wenn ein Problem gelöst wird, bevor es größer und schlimmer wird.

He's starting to make decisions without consulting you. You should nip that in the bud immediately.
Er beginnt, Entscheidungen zu treffen, ohne sich mit dir zu besprechen. Du solltest das sofort im Keim ersticken.

Before this gets out of hand, I need to nip this in the bud. I shouldn't have gone over your head and I won't do it again. Sorry.
Ich muss die Sache im Keim ersticken, bevor sie außer Kontrolle gerät. Ich hätte dich nicht übergehen sollen, und ich werde es nicht wieder tun. Tut mir leid.

He's too jealous and he's just getting worse. You should nip it in the bud now and leave him.
Er ist zu eifersüchtig, und es wird immer schlimmer mit ihm. Du solltest die Sache jetzt im Keim ersticken und ihn verlassen.

NO PAIN, NO GAIN
KEIN SCHMERZ, KEIN GEWINN

Ohne Fleiß kein Preis. Wenn man sich Ziele setzt, muss man auch gewisse Opfer bringen - vor allem im Sport.

You have to run 10 miles a day if you want to lose that big bum. No pain, no gain.
Du musst 10 Meilen am Tag laufen, wenn du deinen dicken Hintern loswerden willst. Ohne Fleiß kein Preis.

He is tired because he lifts weights to look big and macho. No pain, no gain!
Er ist müde, weil er Gewichte hebt, um groß und männlich auszusehen. Ohne Fleiß kein Preis!

John has his own sacred philosophy. No pain, no pain.
John hat seine eigene, heilige Philosophie. Ohne Schmerz kein Schmerz.

NOT FOR ALL THE TEA IN CHINA
NICHT FÜR DEN GESAMTEN TEE CHINAS

Entspricht dem deutschen: nicht um alles in der Welt / nicht um alles Gold der Welt / für kein Geld der Welt

So sagt man, wenn man etwas um keinen Preis tun würde.

Terry: Suzie, will you please go out with me for one evening? Please. Suzie, würdest du mal abends mit mir ausgehen? Bitte!
Suzie: Not for all the tea in China! Nicht um alles Gold der Welt!

NOTHING DOING
NICHTS ZU MACHEN

Entspricht dem deutschen: nichts zu machen

Dieser Ausdruck steht für die totale Ablehnung eines Angebots.

John: Please, darling, the World Cup is only every four years! And it's the final! Bitte Schatz, der Weltcup findet nur alle vier Jahre statt! Und es ist das Endspiel!
Ehefrau: Desparate Housewives is on now, nothing doing! Jetzt läuft gerade *Desperate Housewives* - da ist nichts zu machen!

NO TIME FOR
KEINE ZEIT FÜR

Wenn du für etwas oder jemanden keine Zeit hast, möchtest du dasjenige oder denjenigen nicht sehen.

I have no time for liars.
Ich kann Lügner nicht ausstehen.

He doesn't have time for his kids. What a man.
Seine Kinder sind ihm egal. Was für ein Mann.

I have no time for people who complain about their jobs when so many people are out of work.
Ich kann Menschen nicht ertragen, die sich über ihre Arbeit beschweren, während es so viele Arbeitslose gibt.

NOT (TO) WASH
NICHT WASCHEN

Das ist wie bei einem Kleidungsstück von schlechter Qualität: Wenn eine Geschichte oder eine Erklärung sich nicht (gut) wäscht, dann ist sie nicht glaubwürdig.

The official report about September 11 doesn't wash with a lot of people.
Der offizielle Bericht über den 11. September ist für viele nicht glaubwürdig.

That excuse won't wash with the boss. Think of something else.

Diese Ausrede zieht nicht beim Chef. Denk dir etwas Anderes aus.

Don't tell me you were just trying to help me because it won't wash.
Erzähl mir nicht, dass du mir gerade helfen wolltest, denn das nehme ich dir nicht ab.

ÜBERSETZE BITTE!

WORDS

only/just	nur
come on!	komm schon!
reason	Grund

ON HOLIDAY

Es ist fast Sommer, und die Ehefrau macht sich Gedanken über den Urlaub.

Ehefrau: Schau! Spanien für zwei Personen für nur 800 Euro, ein Fünf-Sterne-Hotel! Spanien kostet jetzt so gut wie nichts.
John: Wir können es nicht.
Ehefrau: Warum nicht? Wir haben 5.000 Euro auf der Bank!
John: Das ist unser Notgroschen!
Ehefrau: Komm schon!
John: Nein, nicht um alles in der Welt.
Ehefrau: Bitte ...
John: Nichts zu machen.
Ehefrau: Dann gehe ich alleine!
John: Perfekt.

O

OLDER THAN THE HILLS
ÄLTER ALS DIE BERGE

Wenn etwas oder jemand älter als die Berge ist, dann ist es bzw. er steinalt.

That joke is older than the hills.
Dieser Witz ist uralt.

How old was that man you were with? He looked older than the hills!
Wie alt war der Mann, mit dem du zusammen warst? Er sah steinalt aus!

That pub is older than the hills and it's still the best pub in the city.
Dieses Pub ist uralt, und es ist immer noch das beste Pub der Stadt.

ON FIRE
AUF FEUER

Wenn du on fire bist, dann bist du in Topform und hast einen Erfolg nach dem anderen.

He is doing everything right lately... he's on fire.
Er macht in letzter Zeit alles richtig ... er ist in Topform.

Messi scored another 3 goals yesterday. That boy is really on fire.
Messi hat gestern wieder drei Tore geschossen. Der Junge ist wirklich in Topform.

(sarcastic) That's the third stupid gaffe you've made this evening, wow! You're really on fire.
(sarkastisch) Das ist der dritte dumme Fauxpas, der dir heute Abend unterlaufen ist, wow! Du bist ja wirklich in Form.

ON THE CARDS
AUF DEN KARTEN

(USA: in the cards)

Dieses idiom nimmt Bezug auf Kartenleger und Wahrsager, die der Meinung sind, man könne die Zukunft aus den Karten lesen.

Rain is on the cards for tomorrow.
Für morgen wird Regen vorausgesagt.

She wasn't with him again. I think a divorce is on the cards.
Sie hat ihn wieder nicht begleitet. Ich denke, eine Scheidung steht an.

I'm afraid about the meeting, what do you think is on the cards?
Ich habe Angst vor der Sitzung; was wird deiner Meinung nach geschehen?

ON THE MAP
AUF DER LANDKARTE

Diesen Ausdruck könnte man mit ‚in aller Munde sein' wiedergeben. Es gibt keinen deutschen Ausdruck, der dieses *idiom* korrekt wiedergibt.
Die Informationen auf einer Landkarte sind in der Regel wichtig. Sie sind sichtbar und bekannt. Wenn du oder dein Unternehmen auf der Landkarte zu finden seid, bedeutet das, ihr seid wichtig.

Jan: Hey, Sarah, everybody is talking about your banana and fish sandwiches. Hey, Sarah, alle reden über deine Sandwiches mit Bananen und Fisch.
Sarah: See, I am putting us on the map. Siehst du, ich sorge dafür, dass wir in aller Munde sind!
Jan: Yes, but they are saying that they are horrible! Ja, aber man sagt, sie seien furchtbar!

ON THE REBOUND
BEIM RÜCKPRALL

Wenn jemand on the rebound ist, dann ist seine Beziehung gerade in die Brüche gegangen, und er ist emotional labil.

Keep Samantha at bay, she's on the rebound.
Halte Samantha auf Distanz, ihre Beziehung ist gerade in die Brüche gegangen.

I thought I loved you, but then I realised I was just on the rebound and needed to fill the hole.
Ich dachte, ich liebe dich, aber dann habe ich erkannt, dass ich noch nicht über meine in die Brüche gegangene Beziehung hinweg war und nur einen Lückenbüßer gesucht habe.

Never touch a woman who's on the rebound. It always ends in tears.
Rühr niemals eine Frau an, deren Beziehung gerade in die Brüche gegangen ist. Das endet immer in Tränen.

ON THE SHELF
AUF DEM REGAL

Wenn etwas on the shelf ist, dann besteht im Moment keine Absicht, davon Gebrauch zu machen.

Why is our idea on the shelf? Please believe in us.
Warum wurde unsere Idee auf die lange Bank geschoben? Bitte glaubt an uns.

Our holiday plans have been put on the shelf because I may lose my job.
Unsere Urlaubspläne liegen auf Eis, weil ich vielleicht meinen Arbeitsplatz verliere.

I've put my plans to redecorate the house on the shelf at the moment. I haven't got enough money.
Ich habe meine Pläne, das Haus umzugestalten, im Moment auf Eis gelegt. Ich habe nicht genügend Geld.

ÜBERSETZE BITTE!

Und wieder habe ich eine Geschichte zum Übersetzen für dich. Es kommen viele idioms, die du gerade gelernt hast, darin vor.

Words you will need

Freundin (in diesem Kontext)	girlfriend
Beziehung (in diesem Kontext)	relationship
ausgehen mit (in diesem Kontext)	to go out with (romantically)

WIE MAN EINE FRAU EROBERT

Ein Italiener bringt einem Engländer bei, wie man in einer Diskothek eine Frau erobert.

Rocco: Siehst du diese Frau? Sie ist meine neue Freundin, aber sie weiß es noch nicht.
Richard: Aber sie ist steinalt.
Rocco: Ich mag Frauen mit Erfahrung, und heute Abend bin ich in Topform; heute Abend ist viel Liebe angesagt.
(Rocco geht zu der Frau, spricht mit ihr und kommt dann alleine zurück.)
Rocco: Ihre Beziehung ist gerade in die Brüche gegangen, und sie hat keine Lust, mit mir auszugehen.
(Rocco beginnt zu weinen...)
Rocco: Ich möchte nicht aufs Abstellgleis geschoben werden, ich bin immer alleine.

OUT OF ORDER
AUS DER ORDNUNG

Das englische *out of order* hat zwei Bedeutungen:

1. defekt/außer Betrieb
Wenn ein Aufzug nicht funktioniert, wirst du dort ein Schild mit der Aufschrift ‚*Out of order*' sehen.

2. jemand, der völlig im Unrecht ist
Das ist so, wie wenn du im Deutschen sagst ‚er/sie ist völlig im Unrecht', ‚er/sie geht zu weit' oder ‚er/sie ist völlig daneben'. Wenn man jemanden zutiefst beleidigt oder Äußerungen von sich gibt, die peinlich oder gar demütigend sind, dann ist man *out of order*.

That man asked my wife to go to dinner with him in front of me! He was totally out of order! Who is he?! Dieser Mann hat meine Frau vor meinen Augen gefragt, ob sie mit ihm essen gehe! Er ist zu weit gegangen! Wer ist das?!

OUT OF THE QUESTION
AUSSER DER FRAGE

Entspricht dem deutschen: nicht in Frage kommen

Genau wie im Deutschen kommt eine Sache nicht in Frage, wenn es absolut unmöglich ist, sie in Erwägung zu ziehen, sie als ernsthafte Option zu betrachten.

Chef: I want you to work on Saturdays from now on. Ich möchte, dass Sie von nun an samstags arbeiten.
Sally: I'm sorry, but that is out of the question; that is my shopping day! Es tut mir leid, aber das kommt nicht in Frage; das ist mein Einkaufstag!

OUT OF THIS WORLD
AUS DIESER WELT DRAUSSEN

Entspricht dem deutschen: spitze

Wenn man von einer Person oder einer Sache sagt, er oder sie sei spitze, handelt es sich um jemanden oder etwas sehr Schönes, auf den bzw. das man nicht gerne verzichten möchte.

You have to see the new Spielberg movie. It is out of this world!
Du musst dir den neuen Spielberg-Film anschauen. Er ist spitze!

ÜBERSETZE BITTE!

WORDS
everywhere überall

THE FILM
Eine Filmgesellschaft möchte in einer kleinen Dorfkneipe einen Film drehen. Der junge Paul hat verstanden, welche Bedeutung dieses Ereignis für den Familienbetrieb hat - sein Vater aber nicht.

Paul: Papa, sie drehen einen Film hier; wir werden überall bekannt sein!
Papa: Nein, das kommt nicht in Frage.
Paul: Aber warum? Das ist eine tolle Chance! Du bist verrückt!
Papa: Du gehst wirklich zu weit, Paul.

P

PAID PEANUTS
MIT ERDNÜSSEN BEZAHLT WERDEN

Entspricht dem deutschen: einen Hungerlohn bekommen

Wenn man mit Erdnüssen bezahlt wird, bedeutet das, dass die Bezahlung sehr schlecht ist.

Tony: I like my job, but they pay peanuts where I work, so it's difficult to pay for the house. I need an extra job. Ich mag meine Arbeit, aber dort, wo ich arbeite, zahlen sie mir einen Hungerlohn. Deshalb ist es schwer, das Haus abzuzahlen. Ich brauche einen Nebenjob.

PAIN IN THE NECK
SCHMERZ IM NACKEN

Das ist das Gegenstück zur deutschen Nervensäge.

Will you stop complaining about the hotel, you pain in the neck.
Hör auf, dich über das Hotel zu beschweren, du Nervensäge.

Mom, I love you, but you're a pain in the neck and I can't wait to leave home.
Mama, ich liebe dich, aber du nervst, und ich kann es nicht erwarten, zuhause auszuziehen.

I like my job, but my boss is a real pain in the arse at times*.
Ich mag meine Arbeit, aber mein Chef ist manchmal eine richtige Nervensäge.

* Wenn jemand sehr lästig ist und nervt, ist er immer noch ein pain in the neck.

(A) pain in the butt/ass (USA) oder (a) pain in the arse (UK) ist umgangssprachlicher, stronger.

PEOPLE PERSON
EINE MENSCHENPERSON

Eine people person ist ein geselliger Mensch.

She works so well in a team. She's a real people person.
Sie arbeitet so gut im Team. Sie ist ein sehr umgänglicher Mensch.

I can't work at a desk, I'm a people person.
Ich kann nicht an einem Schreibtisch arbeiten, ich bin ein geselliger Mensch.

You have to be a people person to be part of the summer animation team.
Man muss ein sehr geselliger Mensch sein, um beim Sommer-Animationsteam mitzumachen.

(A) PENNY FOR YOUR THOUGHTS
EIN PENNY FÜR DEINE GEDANKEN

Entspricht dem deutschen: ich wüsste zu gerne, was du gerade denkst

Wenn du mit jemandem zusammen bist, den du gerne magst, und siehst, dass derjenige nachdenklich ist, möchtest du vielleicht seine Gedanken teilen. Im Englischen sagt man in einem solchen Fall etwas sehr Schönes: *A penny for your thoughts*, das heißt, man wäre bereit, dafür zu bezahlen, dass diese Person ihre Gedanken mit einem teilt.

Für diesen Ausdruck führe ich keine Beispiele auf. Er spricht für sich.

PIGS WILL FLY
DIE SCHWEINE WERDEN FLIEGEN

Entspricht dem deutschen: ein Ding der Unmöglichkeit / am Sankt Nimmerleinstag / wenn Ostern und Pfingsten auf einen Tag fallen

Dieser Ausdruck besagt, dass eine Sache derart unwahrscheinlich ist, dass sie erst dann eintritt, wenn die Schweine zu fliegen beginnen!

John: I think Birmingham City is strong enough to win the Champions League next year. Ich glaube, Birmingham City ist stark genug, um die Champions League in diesem Jahr zu gewinnen.
Paul: Yes, and pigs will fly! Ja, wenn Ostern und Pfingsten auf einen Tag fallen!

(A) PINCH OF SALT
EINE PRISE SALZ

Wenn das, was dir jemand sagt, mit a pinch of salt genommen werden muss, dann ist es mit Vorsicht zu genießen. Es handelt sich um eine Übertreibung oder um eine Vermutung.

Take everything he says with a pinch of salt, he exaggerates a lot.
Alles, was er sagt, ist mit Vorsicht zu genießen, er übertreibt sehr.

You took my words with a pinch of salt and now you regret it, don't you?
Du hast meine Worte auf die leichte Schulter genommen, und jetzt bereust du es, oder?

If she threatens you, just take it with a pinch of salt... she says crazy things when she's angry.
Wenn sie dir droht, nimm's auf die leichte Schulter... sie sagt verrückte Dinge, wenn sie wütend ist.

PLAN B
PLAN B

Entspricht dem deutschen: Plan B

Dieser Ausdruck ist grandios! Er wird - wie alle *idioms*, die du bisher kennengelernt hast, häufig gebraucht. Wenn du einen Plan hast, ist es immer besser, noch einen zweiten Plan in der Tasche zu haben, richtig? Falls der ursprüngliche Plan nicht funktioniert, gibt es dann eben immer noch Plan B.

Ok, I will try to fix the broken toilet, but plan B is to call the plumber! Okay, ich werde versuchen, die defekte Toilette zu reparieren, aber Plan B lautet, den Flaschner zu holen!

PLAY WITH FIRE
MIT DEM FEUER SPIELEN

Entspricht dem deutschen: mit dem Feuer spielen

Dieser Ausdruck beschreibt jemanden, der sich in eine gefährliche Situation bringt.

You shouldn't send romantic messages to Lucy via Facebook; you're really playing with fire. Her boyfriend is enormous and very jealous! Du solltest Lucy keine Liebesbotschaften per Facebook schicken; da spielst du ganz schön mit dem Feuer. Ihr Freund ist riesig und sehr eifersüchtig!

PLAY YOUR CARDS RIGHT
DIE KARTEN RICHTIG SPIELEN

Dieses *idiom* könnte man mit ‚geschickt vorgehen' übersetzen. Es gibt aber keinen deutschen Ausdruck, der es korrekt wiedergibt.

Das Leben ist ein Spiel. Am Arbeitsplatz, in der Liebe - fast überall. Du bist anderer Meinung? Mein Vater hat immer gesagt, Schach sei ein gutes Spiel, weil es aus demselben Holz geschnitzt ist wie das Leben. Man könne dabei Strategien lernen und die Absicht des Gegenübers erraten. Dasselbe gilt für ein Kartenspiel. Die Karten, die einem das Leben gibt, kann man sich nicht aussuchen. Es ist wichtig, diese gut zu spielen, und sich niemals in die Karten schauen zu lassen!

You have a great business idea. If you play your cards right, you could make a killing and then you will be made of money! Deine Geschäftsidee ist großartig. Wenn du geschickt vorgehst, könntest du ein Vermögen machen und Geld wie Heu haben.

PULL SOMEONE'S LEG

AM BEIN VON JEMANDEM ZIEHEN

Entspricht dem deutschen: jemanden auf den Arm nehmen

Dieses *idiom* benutzt man, wenn man sich einen Scherz mit jemandem erlaubt.

Carl: I told Sally that she has failed her exams, but she doesn't believe me! Ich habe Sally gesagt, dass sie durch die Prüfung gefallen ist, aber sie glaubt mir nicht!
Anna: Of course she doesn't believe you; you are always pulling her leg! I will tell her. Selbstverständlich glaubt sie dir nicht; du nimmst sie immer auf den Arm! Ich werde es ihr sagen.

ÜBERSETZE BITTE!

WORDS

factory	Fabrik
well	gut
pregnant	schwanger
to find (sb.) a job	jemandem einen Job besorgen

FRIENDS

Bruce ist seiner Arbeit überdrüssig, und Lenny erteilt dem Freund gute Ratschläge, wie er die Situation ändern kann.

Bruce: Ich habe meine Arbeit satt, ich möchte mir etwas Anderes suchen.
Lenny: Hör mal, wenn du es klug anstellst, kann ich dir einen Job in meiner Fabrik besorgen.
Bruce: Zahlen sie gut?
Lenny: Sie zahlen sehr gut.
(Bruce denkt im Stillen nach)
Lenny: Wenn ich nur wüsste, an was du gerade denkst!
Bruce: Nimmst du mich auf den Arm? Wenn du das tust, dann spielst du nämlich mit dem Feuer.
Lenny: Nein, Bruce, ich kann dir helfen.
Bruce: Danke.
Lenny: Eines Tages könntest du ein wichtiger Manager werden.
Bruce: Ja, am Sankt Nimmerleinstag!
Lenny: Hör zu, wenn sie dich in meiner Fabrik nicht nehmen, gibt es einen Plan B: Du kannst Babysitter werden – Lucy ist schwanger!

Q-R

QUICK FIX
SCHNELLE LÖSUNG

Entspricht dem deutschen: Notlösung/provisorische Lösung.

Es handelt sich um eine Lösung im Notfall, die improvisiert und nicht von Dauer ist.

There is no quick fix solution to this problem. We need time. Es gibt keine Notlösung für dieses Problem. Wir brauchen Zeit.

(AS) QUIET AS A MOUSE
RUHIG WIE EINE MAUS

Entspricht dem deutschen: mucksmäuschenstill

Mit diesem Ausdruck beschreibt man die totale Stille - wenn kein Laut zu hören ist.

Mary: Is your new baby letting you sleep? Lässt euer Neugeborenes euch schlafen?
Olive: Oh, yes, we are very lucky, she is as quiet as a mouse. Oh ja, wir haben Glück, sie ist mucksmäuschenstill.

RAGS TO RICHES
AUS LUMPEN IN DEN REICHTUM

Jemand, der arm geboren wird und später reich wird, legt seine Lumpen ab und lebt in Reichtum.

He accidentally invented a new cleaning fluid at work and went from rags to riches.
Er hat bei der Arbeit zufällig einen neuen Flüssigreiniger erfunden und wurde damit vom Tellerwäscher zum Millionär.

He left Palermo with just 100 euro and now he is worth 100 million, he went from rags to riches since he left Sicily.
Er hat Palermo mit nur 100 Euro verlassen, und jetzt ist er 100 Millionen schwer. Er ist vom Tellerwäscher zum Millionär geworden, seit er Sizilien verlassen hat.

I know a good rags to riches story... Richard Branston.
Ich kenne eine gute 'Vom-Tellerwäscher-zum-Millionär-Geschichte'... Richard Branston.

RAINING CATS AND DOGS
ES REGNET KATZEN UND HUNDE

Entspricht dem deutschen: es gießt wie aus Kübeln

Bei diesem *idiom* gibt es - glaube ich - nichts hinzuzufügen.

Can you believe it? We finally had our holiday in Spain and it rained cats and dogs for two weeks! Kannst du das glauben? Wir haben endlich Urlaub in Spanien gemacht, und es hat zwei Wochen lang wie aus Kübeln gegossen!

(THE) REAL MCCOY
DER ECHTE MCCOY

Wenn ein Artikel ein echter McCoy ist, dann handelt es sich um ein Original und nicht um eine Fälschung.

The Armani shirts they sell can't be the real McCoy, they're too cheap.
Die Armani-Hemden, die sie verkaufen, können keine Originale sein; sie sind zu billig.

The pizza in Italy is the real McCoy.
Die Pizza in Italien ist ein Original.

Is it an imitation, or is it the real McCoy?
Ist das ein Imitat oder ist es ein Original?

RED TAPE
ROTES BAND

Es gibt im Deutschen keinen Ausdruck, der dieses *idiom* exakt wiedergibt. Es bedeutet mehr oder weniger ‚Bürokratismus', ‚Amtsschimmel'.

Shelley: My husband had an accident in America and nobody helped him. Mein Mann hatte einen Unfall in Amerika, und keiner hat ihm geholfen.
Diana: Why not? Warum nicht?
Shelley: Red tape. Die Bürokratie.
Diana: Red tape? Bürokratie?
Shelley: Yes, he didn't have insurance. Ja, wir hatten keine Versicherung.

ROCK THE BOAT
DAS BOOT SCHAUKELN

Entspricht dem deutschen: Staub aufwirbeln

Wenn jemand das ‚Boot schaukelt' verursacht er Probleme in einer Situation, die zuvor stabil war. Dieser Ausdruck ist nicht zu verwechseln mit dem deutschen Ausdruck ‚wir werden das Kind schon schaukeln'.

Glen: The boss doesn't pay enough. I want to tell him that I want more money! Der Chef zahlt nicht genug. Ich möchte ihm sagen, dass ich mehr Geld will!
Dave: Don't rock the boat, please! The situation is already bad, Glen. Wirble bitte keinen Staub auf! Die Situation ist schon schlimm genug, Glen.

ROME WAS NOT BUILT IN A DAY
ROM WURDE NICHT AN EINEM TAG ERBAUT

Viele Dinge können nicht sofort erledigt werden - sie erfordern Zeit und Geduld.

Ok, I've only got a small shop, but Rome wasn't built in a day, I'll have my empire.
Okay, ich habe nur einen kleinen Laden, aber Rom wurde auch nicht an einem Tag erbaut. Ich werde mein Imperium aufbauen.

It takes time to build a successful relationship, Rome wasn't built in a day.
Um eine erfolgreiche Beziehung aufzubauen, braucht man Zeit. Rom wurde schließlich auch nicht an einem Tag erbaut.

You will be a great doctor, Harry, but you have to study and be patient. Rome wasn't built in a day.
Du wirst ein erfolgreicher Arzt werden, Harry, aber du musst lernen und geduldig sein. Rom wurde auch nicht an einem Tag erbaut.

"I wanted it, yesterday!" "Rome wasn't built in a day!"
"Ich wollte es gestern!" "Rom wurde auch nicht an einem Tag erbaut!"

(DON'T) RUN BEFORE YOU CAN WALK
RENN NICHT, BEVOR DU GEHEN KANNST

Wenn jemand versucht zu rennen, bevor er gehen kann, dann versucht er sich an etwas, das seine Fähigkeiten übersteigt.

The day after he got his swimming medal, he tried to swim the English channel and died. I told him before he left, don't run before you can walk!
Am Tag nachdem er seine Schwimmmedaille gewonnen hat, versuchte er, durch den Ärmelkanal zu schwimmen und starb dabei. Bevor er startete, habe ich ihm gesagt, er solle sich nicht überschätzen.

Listen, you can't sail your own boat yet, be patient and don't run before you can walk.
Hör zu, du kannst noch nicht allein mit einem Boot segeln; sei geduldig und mache einen Schritt nach dem anderen.

He's only 14 and he wants to join the army, but I told him don't run before you can walk.
Er ist erst 14 und möchte sich beim Militär melden, aber ich habe ihm gesagt, er solle den zweiten Schritt nicht vor dem ersten tun!

RUN OUT OF STEAM
DER DAMPF GEHT AUS

Entspricht dem deutschen: die Luft ist raus

Früher fuhren die Züge mit Dampf. Wenn der Zug keinen Dampf mehr hatte, wurde er langsamer, bis er schließlich zum Stehen kam.
Im Englischen sagt man, wenn jemand oder etwas nach einem Energieschub langsamer wird, dass ihm ‚der Dampf ausgegangen' ist. Er hat keine Energie mehr, die ursprüngliche Ladung - also die Begeisterung - ist verloren gegangen.

Manchester United started very well, but then ran out of steam in the second half of the season. Manchester United hat einen guten Start hingelegt, in der zweiten Hälfte der Saison war dann aber die Luft raus.

ÜBERSETZE BITTE!

WORDS

umbrella	Regenschirm
weapon	Waffe
law	Gesetz
alone	alleine

VERBS

to rob	(aus)rauben

GENTLEMAN THIEF
Zwei Ganoven, die es satthaben pleite zu sein, beschließen, eine Bank auszurauben.

Bones: Okay, bist du bereit, die Bank mit mir auszurauben?
Rocky: Jetzt? Es gießt draußen wie aus Kübeln!

Bones: Ich habe zwei Regenschirme.
Rocky: Ja, aber das ist eine Notlösung, Bones! Wohin stellen wir die Regenschirme, wenn wir hineingehen? Wir müssen mucksmäuschenstill sein!
Bones: Du musst immer Staub aufwirbeln, was?
Rocky: Immer?
Bones: Ja, auch als wir in einer Gruppe waren. Du hast immer Probleme an meinen Plänen gefunden. Deshalb hat sich die Gruppe aufgelöst.
Rocky: Nein, aus der Gruppe ist die Luft raus. Auf jeden Fall kannst du keine Regenschirme in die Bank mitnehmen.
Bones: Hä?
Rocky: Ein Regenschirm könnte wie eine Waffe eingesetzt werden, er kann also laut Gesetz nicht an öffentliche Orte mitgenommen werden ... du kennst ja die Bürokratie bei den Banken!
Bones: Ich gehe alleine.

S

(TO) SAIL CLOSE TO THE WIND
NAH AM WIND SEGELN

Wenn jemand hart am Wind segelt, dann bewegt er sich an der Grenze des Erlaubten.

You're sailing close to the wind using the office computer for your own personal stuff.
Du bewegst dich hart an der Grenze, wenn du den Bürocomputer für deine Privatangelegenheiten benutzt.

He brings in plants from South America together with the cars he imports, he's sailing very close to the wind if you ask me.

Er bringt zusammen mit den Autos, die er importiert, Pflanzen aus Südamerika mit. Wenn du mich fragst, dann bewegt er sich hart an der Grenze des Erlaubten.

He's having a drink with a girl 200 metres away from where his wife is playing bingo, if that isn't sailing close to the wind, then I don't know what is!
Er geht mit einem Mädchen etwas trinken, 200 m von dort, wo seine Frau Bingo spielt. Wenn das nicht hart an der Grenze ist, weiß ich auch nicht!

SALT OF THE EARTH
DAS SALZ DER ERDE

Wenn du zu jemandem sagst, er sei das ‚Salz der Erde' bedeutet das, dass diese Person rechtschaffen ist, ein gutes Herz hat - also ein angenehmer Mensch ist. Für uns Engländer ist das ein riesiges Kompliment.

I really miss my father. He always gave me important advice and help. He was the salt of the earth. Mein Vater fehlt mir sehr. Er hat mir immer wichtige Ratschläge und Unterstützung gegeben. Er war ein Goldschatz.

SECOND NATURE
ZWEITE NATUR

Entspricht dem deutschen: in Fleisch und Blut übergehen.

Wenn etwas Teil deines Charakters ist, dann liegt es auch in deiner Natur - du bist wie du bist. Wenn du etwas tust, was deine ‚zweite Natur' ist, heißt das, es ist Teil deines Charakters - es ist dir in Fleisch und Blut übergegangen.

Teaching English is second nature to John. He has been teaching for many years. Englisch zu unterrichten, ist John in Fleisch und Blut übergegangen. Er unterrichtet seit vielen Jahren.

SEE RED
ROTSEHEN

Entspricht dem deutschen: rotsehen

Das bedeutet, dass man extrem wütend ist.

When I see people on the news who hurt children, I see red and have to turn off the TV. Wenn ich in den Fernsehnachrichten Menschen sehe, die Kindern Schmerzen zufügen, sehe ich rot und muss den Fernseher ausschalten.

(TO) SEE EYE TO EYE
AUGE ZU AUGE SEHEN

See eye to eye sagt man, wenn die Beteiligten sich auf dem gleichen Niveau bewegen: Das bedeutet, dass sie in der fraglichen Sache übereinstimmen, derselben Meinung sind.

I want Emy to be my partner in this deal because we always see eye to eye on what matters.
Ich möchte, dass Emy bei diesem Geschäft meine Partnerin ist. Wir sind uns in wichtigen Punkten immer einig.

I get on well with my wife, but we don't see eye to eye on our daughter's future.
Ich komme gut mit meiner Frau aus, aber was die Zukunft unserer Tochter betrifft, sind wir uns nicht einig.

We didn't always see eye to eye on everything, but we were good friends.
Wir waren uns nicht immer in allem einig, aber wir waren gute Freunde.

SEEING IS BELIEVING
SEHEN IST GLAUBEN

Entspricht dem deutschen: etwas erst dann glauben, wenn man es mit eigenen Augen gesehen hat

Diesen Ausdruck verwendet man, wenn man an etwas zweifelt und es nicht glaubt, bevor man es selbst gesehen hat.

I'm going to the pub later, because Tony says his new girlfriend is a supermodel. Is that possible? Well, seeing is believing! Ich gehe später noch ins Pub, weil Tom sagt, seine neue Freundin sei ein Supermodel. Ist das möglich? Das glaube ich erst, wenn ich es mit eigenen Augen gesehen habe!

(TO) SEE RED
ROT SEHEN

Wie ein Stier, der gereizt wird, wenn der Torero mit seinem roten Umhang wedelt, sieht jemand rot, wenn er über etwas wirklich wütend ist.

When he saw his daughter crying, he saw red and insisted on knowing who had made her cry.
Als er seine Tochter weinen sah, hat er rot gesehen und bestand darauf zu erfahren, wer sie zum Weinen gebracht hatte.

When I discovered that he had stolen money from my account, I saw red.
Als ich entdeckte, dass er Geld von meinem Konto gestohlen hatte, sah ich rot.

He sees red when somebody cuts in front of him on the road.
Er sieht rot, wenn ihn jemand auf der Straße schneidet.

(TO) SEE THE LIGHT
DAS LICHT SEHEN

Wenn man von jemandem sagt, er sees the light, dann hat er eine wichtige Wahrheit erkannt - die Augen sind ihm aufgegangen.

Everybody was taking advantage of Graham until one day he finally saw the light.
Alle haben Graham ausgenutzt, bis ihm schließlich eines Tages die Augen aufgegangen sind.

Wake up Suzie, wake up and see the light. He's not coming back!
Wach auf, Suzie, wach auf und mach deine Augen auf. Er kommt nicht mehr zurück!

I was a stupid drunk, but I met her and I saw the light.
Ich war ein dummer Trinker, aber ich habe sie getroffen, und sie hat mir die Augen geöffnet.

SELL LIKE HOT CAKES
SICH WIE HEISSE KUCHEN VERKAUFEN

Entspricht dem deutschen: weggehen wie warme Semmeln

Mit diesem *idiom* bezeichnet man etwas, das sich gut verkauft.

Danny: Yesterday, I got married for the tenth time! Gestern habe ich zum zehnten Mal geheiratet!
Bob: If you wrote a book about your life, it would sell like hot cakes! Wenn du ein Buch über dein Leben schreiben würdest, würde es weggehen wie warme Semmeln!

SELL YOUR SOUL
VERKAUFE DEINE SEELE

Entspricht dem deutschen: seine Seele (an den Teufel) verkaufen

Mit diesem Ausdruck bezeichnet man jemanden, der seine Ansichten zu einer Sache radikal und plötzlich geändert hat.

Benny: Hey, John... I saw your brother today with a Scotland football shirt on. Did he sell his soul to the devil? Hey, John ... Ich habe heute deinen Bruder mit einem schottischen Fußballshirt gesehen. Hat er seine Seele an den Teufel verkauft?
John: Yes. Ja.

SET IN STONE
IN STEIN GESETZT

Entspricht dem deutschen: in Stein gemeißelt

In der Bibel hat Gott Moses Steintafeln gegeben, auf denen die Zehn Gebote geschrieben standen: Sie waren in Stein geschrieben, da es Regeln waren, die man nicht ändern kann. Im Englischen sind gesetzliche Regelungen, die sich auf die Arbeit oder das häusliche Umfeld beziehen, in Stein gemeißelt - es sind Regeln, die man nicht ändern kann. Sie sind so - und fertig!

Listen, the guest list isn't set in stone. You can add a person if you want! Hör mal, die Gästeliste ist nicht in Stein gemeißelt. Du kannst noch jemanden aufnehmen, wenn du willst!

SHOOTING FISH IN A BARREL
AUF FISCHE IN EINEM FASS SCHIESSEN

Wenn etwas wie shooting fish in a barrel ist, dann ist es so leicht, dass der Erfolg garantiert ist.

Making teenagers depressed is like shooting fish in a barrel.
Einen Teenager in Depressionen zu versetzen ist ein Kinderspiel.

To find a wife in Russia was like shooting fish in a barrel.
In Russland eine Ehefrau zu finden war ihm ein Leichtes.

If you want to make money with busking try the Costa del Sol. It's like shooting fish in a barrel.
Wenn du Geld mit Straßenmusik machen willst, versuch es an der Costa del Sol. Das ist wirklich ein Kinderspiel.

SHORT AND SWEET
KURZ UND SÜSS

Entspricht dem deutschen: kurz und schmerzlos/kurz aber gut

Diesen Ausdruck verwendet man, um eine kurze, aber angenehme Erfahrung zu beschreiben.

I had three days holiday, so we went to the coast for the weekend. It was short and sweet. I relaxed with a book. Ich hatte drei Tage Urlaub, deshalb sind wir übers Wochenende an die Küste gefahren. Es war kurz aber gut. Ich habe mich mit einem Buch entspannt.

(HAVE A) SOFT SPOT
EINEN WEICHEN PUNKT HABEN

Entspricht dem deutschen: eine Schwäche haben (für)

Dieses *idiom* bezieht sich auf die Schwächen, die jeder Mensch hat - jene Dinge, zu denen man nicht nein sagen, und denen man nicht widerstehen kann.

Terry: Why is your wife so big? Warum ist deine Frau so kräftig gebaut?
John: She has a soft spot for cakes. Sie hat eine Schwäche für Kuchen.
Terry: Does she have a soft spot for you, too? Hat sie auch eine Schwäche für dich?
John: No, just for cakes. Nein, nur für Kuchen.

SWEETEN THE PILL
DIE PILLE VERSÜSSEN

Entspricht dem deutschen: die bittere Pille versüßen/etw. angenehmer machen

Du musst jemandem eine schlechte Nachricht übermitteln? Du findest einen Trost, der den Schmerz lindert? Dir fällt etwas ein, womit du den Schlag mildern kannst? Du hast Zucker, den du auf die bittere Pille gibst, bevor das Kind sie schluckt?

He lost his job, but his boss sweetened the pill. He is giving him a few hours work in the evenings, until he finds something else.
Er hat seinen Job verloren, aber sein Chef hat ihm die bittere Pille versüßt. Er hat abends einige Stunden Arbeit für ihn, bis er etwas Anderes findet.

SWIM AGAINST THE TIDE
GEGEN DIE FLUT SCHWIMMEN

Entspricht dem deutschen: gegen den Strom schwimmen

Jemand, der das Gegenteil von dem tut oder sagt, was die Mehrheit macht, schwimmt gegen die Flut oder gegen den Strom. Oftmals gehört viel Mut dazu.

When the fashion was mini-skirts, Harriet wore long skirts. When the fashion was long hair, she cut her hair short. She was never a sheep and always swam against the tide.
Als Miniröcke modern waren, trug Harriet lange Röcke. Als lange Haare in waren, ließ sie sich einen Kurzhaarschnitt verpassen. Sie ist niemals dem Herdentrieb gefolgt, sondern stets gegen den Strom geschwommen.

ÜBERSETZE BITTE!

WORDS

mind	Geist, Verstand
thing	Ding
ridiculous	lächerlich
against	gegen
dummy	Dummkopf

ABOUT MADNESS

Theo und Brian sind zwei Intellektuelle an der Universität Göttingen, die miteinander diskutieren.

Theo: Ich denke, Freud hatte einen großen Verstand.
Brian: Er war verrückt.
Theo: Ach ja? Wenn er verrückt war, dann würde ich meine Seele verkaufen, um verrückt zu sein. Denk nur daran, als seine Bücher herauskamen: Er schwamm völlig gegen den Strom, aber sie gingen weg wie warme Semmeln.
Brian: Theo, ich weiß, dass du eine Schwäche für Sigmund hast, aber er hat auch viel Lächerliches gesagt.
Theo: Brian, es war nicht alles in Stein gemeißelt, es waren nur Ideen.
Brian: Er war verrückt.
Theo: Nein! Er war Gold wert.
Brian: Warum hast du eine Schwäche für Freud?
Theo: Ich habe keine Schwäche für ihn, du Dummkopf!
Brian: Siehst du? Ich sage etwas gegen Freud, und du siehst rot!
Theo: Ich weiß, dass es dir in Fleisch und Blut übergegangen ist, die Leute zu verärgern, aber ich sage dir jetzt etwas – und um dir die bittere Pille zu versüßen, sage ich dir, dass nicht nur du es bist. Ich mache es kurz und schmerzlos, bist du bereit?

Brian: Ja.
Theo: Du bist ein Dummkopf.
Brian: Ach ja?
Theo: Ja, und wenn man es mit eigenen Augen gesehen hat, glaubt man es; und ich kann dich sehen: Du bist ein Dummkopf.

T

(TO) TAKE IT OUT ON SOMEBODY
ES MIT JEMANDEM HINAUSNEHMEN

Dieses idiom heißt soviel wie 'seine Wut an jemandem auslassen'.

Dad comes home angry, then takes it out on the dog.
Papa kommt wütend nach Hause und dann lässt er seine Wut am Hund aus.

I'm sorry if you had a bad day, but don't take it out on us!
Es tut mir leid, wenn du einen schlimmen Tag hattest, aber lass es nicht an uns aus!

I sometimes take it out on her.
Manchmal lasse ich meine Wut an ihr aus.

TAKE IT OR LEAVE IT
NIMM ES ODER LASS ES

Entspricht dem deutschen: Friss oder stirb!

Nicht immer hat man Lust, Dinge zu diskutieren. Wenn dir jemand sagt *take it or leave it*, dann hat er nicht die Absicht, mit dir zu verhandeln: entweder du akzeptierst sein Angebot oder es gibt nichts - friss oder stirb!

Egyptian farmer (ägyptischer Bauer): I will give you one camel for your wife. Take it or leave it. Ich gebe dir ein Kamel für deine Frau. Nimm es oder lass es!
John: I'll take it! Concettina, darling! Please go with this nice man. Ich nehme es! Concettina, Liebling! Bitte gehe mit diesem netten Mann.
Egyptian farmer (ägyptischer Bauer): Hey, crazy Englishman! You forgot to take your camel! Hey, du verrückter Engländer! Du hast vergessen, dein Kamel mitzunehmen!

Du weißt ja, dass ich scherze. Ich würde meine geliebte Concettina niemals gegen ein Kamel eintauschen – für wen hältst du mich eigentlich? Ich wüsste auch gar nicht, wo ich ein Kamel unterbringen sollte. Wenn ich einen größeren Garten hätte, dann vielleicht …

TAKE SOMEBODY FOR A RIDE
JEMANDEN AUF EINE FAHRT MITNEHMEN

Entspricht dem deutschen: sich über jemanden lustig machen, jdn übers Ohr hauen

Das englische *idiom* für ‚jemanden auf den Arm nehmen' – sich also einen (netten) Scherz mit jemandem erlauben – kennst du ja bereits. Dieses *idiom* bezieht sich im Gegensatz dazu auf einen üblen Scherz, den man mit jemandem treibt.

A lot of these salesmen take you for a ride. They bend the truth so much that you don't really know what you are buying. Viele dieser Verkäufer machen sich über einen lustig. Sie verdrehen die Wahrheit solange, bis man nicht mehr weiß, was man kauft.

(TO) TAKE SOMETHING OR SOMEONE FOR GRANTED
ETWAS FÜR SELBSTVERSTÄNDLICH HALTEN

Das sagt man, wenn man eine Person oder eine Sache nicht angemessen wertschätzt und sich die möglichen Folgen und Auswirkungen dieses Verhaltens nicht bewusst macht.

I took her for granted, I know. I have been very stupid.
Ich betrachtete sie als Selbstverständlichkeit, ich weiß. Ich war sehr dumm.

We take water for granted, but if one day it runs out we'll really miss it.
Wir halten Wasser für eine Selbstverständlichkeit, aber wenn es eines Tages ausgeht, werden wir es schmerzlich vermissen.

You should never take people for granted.
Du solltest dir der Menschen niemals sicher sein.

TALK IS CHEAP
REDEN KOSTET NICHT VIEL

Es ist leicht, von etwas zu reden, aber schwieriger, es in die Tat umzusetzen.

Talk is cheap. Show me the money.
Das ist leicht gesagt. Zeig mir das Geld.

You're going to make me happy? Talk is cheap, baby, start doing things.
Du wirst mich glücklich machen? Das ist leicht gesagt, Baby, pack die Dinge an.

Talk is cheap, start getting results.
Das sind alles nur Worte; fang an, Ergebnisse zu liefern.

TALK SHOP
ÜBER DEN LADEN REDEN

Es gibt im Deutschen keine entsprechende Redewendung. Kurz gesagt, bezeichnet dieses *idiom* Personen, die ständig über ihre Arbeit reden.
Die Redewendung trifft meiner Meinung nach das Laster vieler Geschäftsleute, die nach Feierabend nicht abschalten können und ohne Unterlass über ihre Arbeit reden ...
Shop steht in diesem Fall nicht nur für einen Laden, sondern für einen beliebigen Arbeitsplatz oder anders gesagt, die Arbeit im Allgemeinen.

I have a friend from Naples. I've known him for twenty years, but I don't know what he does, because he never talks shop. Ich habe einen Freund aus Neapel. Ich kenne ihn seit zwanzig Jahren, aber ich weiß nicht, was er beruflich macht, weil er nie über seine Arbeit redet.

THERE WASN'T A SOUL
ES WAR KEINE SEELE DA

Entspricht dem deutschen: es war keine Menschenseele da

Genau wie im Deutschen bezieht sich dieses *idiom* auf Situationen, bei denen keiner anwesend war.

We are playing really badly, in fact, on Saturday there wasn't a soul at the game. Not even the referee came! Wir spielen zur Zeit sehr schlecht. Tatsächlich ist am Samstag keine Menschenseele zum Spiel gekommen. Nicht einmal der Schiedsrichter war da!

THINK AGAIN
NOCHMALS DENKEN

Entspricht dem deutschen: überdenken

Wenn jemand dir sagt *think again*, dann rät er dir entweder, deine Meinung über etwas zu ändern, oder er erteilt dir unterschwellig den Befehl dazu. Das ist in etwa, wie wenn du sagst „das glaube ich nicht, es ist besser, wenn du das nochmal überdenkst, denn was du willst, kann ich nicht akzeptieren!".

John: Tonight, I am going to the pub. Heute Abend gehe ich ins Pub.
Wife (Ehefrau): Think again, you have to wash the dog. Das glaube ich nicht, du musst den Hund baden.

THIRD DEGREE
DRITTER GRAD

Entspricht dem deutschen: jemanden in die Mangel nehmen, jemanden gründlich verhören

I got home late, again, so I got the third degree.
Ich bin wieder spät nach Hause gekommen, also wurde ich in die Mangel genommen.

The boss gave me the third degree after we missed the deadline. He wants to know whose fault it was.
Der Chef hat mich in die Mangel genommen, nachdem wir den Termin nicht eingehalten haben. Er möchte wissen, wer schuld daran war

The police gave me the third degree about my car. They thought it was stolen.
Die Polizei hat mich wegen meines Autos gründlich verhört. Sie dachten, es sei gestohlen.

ÜBERSETZE BITTE!

WORDS

true	wahr
come on!	Komm (schon!)
opinion	Meinung

VERBS

to meet	kennenlernen/ treffen

GOSSIP

Anna und Lucy zerreißen sich den Mund über ihre Freundin Amber.

Anna: Hast du Ambers neuen Freund kennengelernt?
Lucy: Ja, der Typ, der bei der Party ständig über seine Arbeit geredet hat ... das Mädchen sollte das noch einmal überdenken, er macht sich über sie lustig.
Anna: Das stimmt aber nicht, komm!
Lucy: Das ist meine Meinung, friss oder stirb.
Anna: Ich war gestern bei ihr zu Hause, und es war keine Menschenseele da. Sind sie weggegangen?

U

UNDER A PERSON'S THUMB

UNTER JDS. DAUMEN

Entspricht dem deutschen: unter jds. Fuchtel stehen

Mit diesem Ausdruck bezeichnet man jemanden, der komplett von einer anderen Person dominiert wird.

Amber is totally under her boyfriend's thumb. When he says "jump", she jumps. Amber steht komplett unter der Fuchtel ihres Freundes. Wenn er sagt „spring", dann springt sie.

UP IN THE AIR
OBEN IN DER LUFT

Entspricht dem deutschen: in der Schwebe sein

Diesen Ausdruck benutzt man, wenn viele Dinge geschehen, aber noch nichts sicher, nichts konkret ist.

I have a chance to go to America to work, but I have to finish many things here, first, so everything is up in the air. Ich habe die Möglichkeit, nach Amerika zu gehen, um dort zu arbeiten, aber ich muss hier noch viele Dinge zu Ende bringen; es ist also alles noch in der Schwebe.

U-TURN
U-DREHUNG

Entspricht dem deutschen: eine Kehrtwende machen / sich um 180° drehen.

After all the public protests, the government made a U-turn on their new proposal.
Nach all den öffentlichen Protesten hat die Regierung bei ihrem neuen Entwurf eine Kehrtwende vollzogen..

Our boss wanted to sack half the staff, but made a U-turn after the strike.
Unser Chef wollte die Hälfte des Personals entlassen, aber nach dem Streik hat er eine Kehrtwende vollzogen.

Go ahead and fail, or make a U-turn and go back to school! Don't run before you can walk.

Mach weiter so, und du wirst scheitern, oder mach eine Kehrtwende und gehe nochmal zur Schule! Du solltest den zweiten Schritt nicht vor dem ersten tun.

W-Y

WAITING GAME
WARTESPIEL

Entspricht dem deutschen: abwarten/jemanden zappeln lassen

Manchmal ist es besser, seine Hände in den Schoß zu legen und abzuwarten, wie die Dinge sich weiterentwickeln. Es ist eine Taktik.

Hannah: Did Lenny call? Hat Lenny angerufen?
Lisa: No, he's playing the waiting game. He wants to see if I will go crazy without him. Nein er lässt mich zappeln. Er möchte sehen, ob ich ohne ihn durchdrehe.

WALK IN THE PARK
SPAZIERGANG IM PARK

Entspricht dem deutschen: etwas ist ein Kinderspiel

Beating Aston Villa was a walk in the park.
Aston Villa zu schlagen war ein Kinderspiel.

Lucy said that giving birth is no walk in the park!
Lucy hat gesagt, ein Kind zu gebären sei kein Spaziergang.

You'll love this job, it's a walk in the park!
Du wirst diese Arbeit lieben. Sie ist ganz einfach!

Even without experience, doing a blog with Fotolog is a walk in the park.

Auch ohne jegliche Erfahrung, ist es ein Kinderspiel, mit Fotolog einen Blog einzurichten.

WALK ON AIR
AUF LUFT GEHEN

Entspricht dem deutschen: sich wie im siebten Himmel fühlen/auf Wolken schweben

Dieses *idiom* bezeichnet Situationen, in denen man so glücklich ist, dass man abhebt - sozusagen in der Luft geht.

Jason: Hey, you got the job! How do you feel? Hey, du hast den Job bekommen! Wie fühlst du dich?
Lucy: I'm walking on air! Ich fühle mich wie im siebten Himmel!

WATER UNDER THE BRIDGE
WASSER UNTER DER BRÜCKE

Wenn etwas der Vergangenheit angehört oder Schnee von gestern ist, dann sagt man it is water under the bridge.

The war is water under the bridge, Germany is a lovely country now.
Der Krieg gehört der Vergangenheit an, Deutschland ist jetzt ein herrliches Land.

We didn't see eye to eye at first, but that's all water under the bridge.
Wir waren uns zuerst nicht einig, aber das ist Schnee von gestern.

Why are you talking about Tanya, again? It was two years ago, baby! It's all water under the bridge!
Warum redest du wieder von Tanya? Das ist zwei Jahre her, Baby! Alles Schnee von gestern!

WEAR MANY HATS
VIELE HÜTE TRAGEN

Es gibt im Deutschen keine entsprechende Redewendung. Man könnte dieses *idiom* mit ‚viele Funktionen ausüben' oder ‚vielseitig sein' übersetzen.

Diesen Ausdruck benutzt man für jemanden, der verschiedene Tätigkeiten oder Funktionen ausübt.

The school caretaker has to wear many hats. He has to be a plumber, a gardener and a security guard. Der Schulhausmeister muss viele Funktionen ausüben. Er ist Flaschner, Gärtner und Wachmann.

YOU CAN'T TEACH AN OLD DOG NEW TRICKS
DU KANNST EINEM ALTEN HUND KEINE NEUEN TRICKS BEIBRINGEN

Entspricht dem deutschen: Was Hänschen nicht lernt, lernt Hans nimmermehr/der Mensch ist ein Gewohnheitstier

Es gibt viele Vergleiche zwischen Mensch und Tier. Manche sind eher beleidigend, andere netter. Wenn du im Englischen zu einer Dame *you are an old dog* sagst, dann beleidigst du sie damit sehr. Sagst du hingegen zu einem alten Seemann *you are an old sea dog*, dann ist das ein Ausdruck der Bewunderung und der Zuneigung. Dieses *idiom* ist eines der herzlichen Art.
Unter *tricks* versteht man in diesem Fall Befehle; einem Hund beizubringen, das Pfötchen zu geben, ist leicht, wenn der Hund noch jung ist. Ist er älter, ist das sehr kompliziert, wenn nicht gar unmöglich. Mit der Zeit bürgern sich alte Gewohnheiten ein.

My Grandmother is learning English, but she isn't making much progress. You can't teach an old dog new tricks. Meine Großmutter lernt gerade Englisch, aber sie macht keine großen Fortschritte. Was Hänschen nicht lernt, lernt Hans nimmermehr.

ÜBERSETZE BITTE!

WORDS	
agitated	aufgeregt
lawyer	Rechtsanwalt
way	Art
angry	wütend
positive	positiv

VERBS	
to look like/ to seem	(er)scheinen
to think	denken
to wait for	erwarten

THE BOSS

Frank und Freddy unterhalten sich über ihren Firmenchef.

Frank: Der Chef ist aufgeregt. Er erwartet einen Anruf aus Berlin.
Freddy: Ist er der Chef? Ist er nicht der Rechtsanwalt?
Frank: Doch, aber er übt hier viele Funktionen aus, weil es die Firma seines Vaters ist.
Freddy: Warum ruft er nicht in Berlin an?
Frank: Weil er abwarten will. Es ist seine Art, und der Mensch ist eben ein Gewohnheitstier.
Freddy: Er scheint wütend zu sein ...
Frank: Ich denke, du wirst ihn sehr glücklich sehen, wenn Berlin heute anruft und eine positive Antwort gibt. Aber jetzt wartet er erst einmal ab.

SOLUTIONS

4

PART 1 - ENGLISH IN USE

S. 45
DIALOG ZWISCHEN EINEM DEUTSCHEN TOURISTEN UND EINEM ENGLÄNDER

IT: Excuse me! Where is Buckingham Palace, please?

E: From here?

IT: Yes, from here.

E: Ok, go straight on, then take the second road on your right, go straight on until you see a traffic light, at the traffic light turn left then go straight on until you get to a roundabout. From there take the first left, then ask again.

IT: Perfect, thanks.

S. 47
DIE GUT AUSSEHENDEN MÄNNER VON BIRMINGHAM (ALICES TAGEBUCH)

At six in the morning, we got ready and we called a taxi.

There was a lot of traffic on the road and it took us twenty minutes to get to the train station.

We got our tickets and the train arrived 10 minutes later.

The train stopped at seven stations before it arrived at the central station.

From there, we took the bus to the airport.

It took us three minutes to get on the bus with all our luggage (or baggage).

After thirty-five minutes we got off the bus in front of the airport.

The check-in took fifteen minutes.

Our plane landed in London at 11 o'clock (a. m.).

In London, we took the underground to get to the hotel.

At the reception, I said: "Good morning, is there a double room, please?"

"Certainly. How long will you be staying?"

"Just for tonight, thank you."

"Ok, we have a room with a shower for one hundred pounds per night."

"Ok, that's fine, thanks."
The next day, we took a train to the destination of my heart, Birmingham.
The city of Birmingham is in the centre of England and is famous for its men who are all really handsome and intelligent... and for its fantastic football team.
After the paradise of Birmingham, we took a train to the coast. Next destination: Ireland.
On the coast, we took a ferry to Ireland.
The sea was calm and beautiful.
At the port we got off the ferry and we went around all day.
That evening, we returned to Germany and I slept on the plane, dreaming about the really handsome men of Birmingham.

S. 58
GROCERY SHOPPING

Since they started showing Dr. House in the afternoon, I have to do the shopping.
I took the shopping list and went to the supermarket.
While I was taking the trolley, I looked at it. "Ok, first thing salad, then vegetables." Icouldn't find the fruit, so I asked another man. He laughed.
When I found the fruit, I took two apples and two bananas.
Then I took meat, beef, sausage and fish.
Then, the only thing that interested me. A cake.
There was no more food on the list.
Now I had to find detergent and soap. No problem.
When the trolley was full, I queued at the till.
In Germany they don't love to queue. They really suffer. It is torture for them.
For me, it is the shopping that is the torture. I'm happy when I'm in the queue because it has finished.

S. 66

A DAY OUT

At 7 o'clock in the morning, the postman arrived with three letters. They were all for my wife. At 7:30 I went to get the bread from the bakers (or baker's).

I like the smell of bread in the morning.

After, I went to get the newspaper but when I entered the shop, the shop assistant wasn't there.

I took a newspaper and was leaving, when I saw a policeman.

In that moment, I started to daydream.

I was in court (or in the court room), my lawyer was showing the stolen newspaper to the judge and I was between two policemen.

Then my accountant spoke, "Maybe you think it is stupid to steal a newspaper that costs only a pound, but it's understandable ... because he has run out of money! And why hasn't he got any money? Because he needs a job and why hasn't he got a job?"

"Because he's a thief!" shouted the judge.

I decided to pay for the newspaper.

At one in the afternoon, I had an interview for a new job, so I went to the hairdressers.

Yes! It takes two hours to sort out my hair.

While I was going to the hairdressers, I saw some builders on a building site and I asked them what they were building.

"A vet's surgery", said a builder.

"And what do you do?" I asked.

"I am a plumber" he said "I sort out the water system".

After twenty minutes, my tooth hurt (or I had a bad tooth), so I went to the dentist for a quote. He told me the sum and the pain passed immediately.

After the hairdressers, it was lunchtime and I went to the pub for a quick (or fast) beer, then to the restaurant.

The waiter brought me a plate of pasta and complimented me on my hair.

After, I paid my compliments to the chef and went to my interview.

While I was entering into the building where I had my interview, an sms arrived. It was my accountant. "If they don't take you on, you are in trouble".

At the reception, I gave my name and the secretary of the boss came to get (or receive) me.
In the bosses' office, I introduced myself and he complimented me on my hair.
I was talking to the boss when I heard a woman shout "fire!"
The boss called the fire man and I, trying to be a hero, escaped.
While I was running down the stairs, I fell.
In hospital, the nurse brought me a newspaper. She was very kind.
Incredibly, I was on the front page!
"Coward breaks a leg escaping from a building in flames!"
The doctor said I had to remain (or stay) there for four days.
After, the cleaning lady arrived.
"You are a loser", she said.
"There was fire!" I answered.
"Not because you escaped!" she said. "Because you couldn't put the butcher (or get the butcher) in your stupid little story (or tale)", she said.

S. 71
A WEEKEND IN GREAT BRITAIN

The weather in Great Britain is really crazy!
We arrived in London and it was very cloudy and chilly.
There was no famous London fog.
Only thirty minutes later (or after) it was raining and we were without an umbrella!
But it wasn't a problem because, five minutes later, the sun was in the sky.
Two hours later, we were in Manchester and it was snowy.
The day after, we went to Scotland and there it was very (or really) cold.
We slept in the mountains and that night there was a snow storm.
The day after, it was very (or really) beautiful outside. All the trees were covered in (or with) snow and it was warm.
After lunch, an incredible wind arrived and we saw the trees were green again.
We saw all four seasons in two days!

S. 73
NEAR MY HEART

In England, I live in the countryside (or in the country).
Near my house, there is a stream where I wash in the morning.
If you follow the stream, you will arrive at a river. The river flows through a forest and arrives at the sea.
I like to go to the sea (or seaside). I like to walk on the shore with my wife.
The waves make so much noise, I can't hear her voice.
It's really beautiful.
If you look up from the beach, you can see the old castle on the hill.
Near the beach, there is a small village, where I buy milk and cheese.
Behind the village, there are woods, where I pick blackberries.
When I was a child, I loved to watch (or look at) the sea. So big, so vast.
In Milan, I live in the suburbs, but I work in the city centre.
In front of my office, there is the town hall.
From my window, I can see only cars and chaos, but at least near my house there is a park.
In Milan it is difficult to find a parking lot for the car, so I go to work by tram.
Milan is an important city in Italy, but the capital is Rome.
Rome is an historical city because it is there that Liverpool won the Champion's cup.
I love Italy, but I always say to my friends, who live in Milan "go to the countryside sometimes, without your pc, without your cell phone and live a little with your soul. Just for a weekend."
But they never have time.

PART 2 - VERBS

S. 83
HOLIDAY IN TUNISIA

B: Hey!
J: What?
B: I will give you 10 camels for your woman.
J: I don't smoke.
B: No, 10 real camels!
J: They seem too many. Give me 3.
B: Ok, three!
J: No, I don't want them.
C: Hey... I was going to tell you something awful.
B: Why did you change your mind?
J: How will I manage to take them home?
B: Ok, right... then I'll give you something magical, let's make an appointment... come back tomorrow when the sun sets.
C: Finally, a "set"! (at sundown)
J: Well then?
B: Are you alone?
J: Yes, Concy told me that you were crazy.
B: I still am! (the farmer shows him the watch)
J: What is it?
B: It's a magical watch... you can set the hour, and it wakes you up, if you set the magical alarm.
J: That's not magic!
B: You invent something, then!!
J: Ok, don't get angry.
B: How much must I pay to have Concy?
J: Nothing.
B: Good. We have set a price!
J: Nothing, because she is not for sale. I only came to tell you that you are a crazy man. Concy is mine, and I would not sell her at any price.
B: Go away! (John leaves)
(Concy comes out from behind a curtain)

C: Well? For how much did that ***** sell me?
B: Nothing.
C: Nothing?!!... I'll kill him!
B: Heh heh heh...
C: Get out!!
B: But this is my house.
C: Who cares? Get out! (The farmer leaves)

S. 91

IN CITY HALL AT TÜBINGEN

P: Good day.
Tht: Good day.
P: I would like to raise tigers in my garden.
Tht: I can't permit you to raise tigers in your garden.
P: Why?
Tht: Because if I let you do it, then everyone will want tigers in their gardens.
P: And therefore?
Tht: No!
P: Go on... it would be our little secret.
Tht: Me, I can't keep a secret.
P: Ah, no? Where do you keep your money?
Tht: Under the bed... Oh nooo!!!
P: Ok, you let me raise my tigers, then, or I'll tell everyone where you keep your money.
Tht: But do you (really) think that, if I let you raise tigers, no one would notice?
P: Yes... because I will dye them black... that way, people will think that they are only enormous cats.
Tht: Will you please let me work?
P: No, I will keep asking you until you say yes... may I raise tigers?
Tht: I don't know... what will you need, then?
P: I will have to install big lights to keep the temperature at 40 degrees... they are Indian tigers.
Tht: Where are they, now?

P: In the car, here, in front of City Hall... but don't worry, I have the heating turned on.
Tht: What? But you are a crazy man!! You absolutely can not* park here out front!
* "Can not" anstelle von "can't" ist nachdrücklicher.

PART 3 - IDIOMS

S. 191
ON HOLIDAY

Wife: Look! Spain for only 800 euros for two, five star hotel! Spain costs next to nothing now.
John: We can't.
Wife: Why not? We have 5000 euros in the bank!
John: That is our nest egg!
Wife: Come on!
John: No, not for all the tea in China.
Wife: Please...
John: Nothing doing.
Wife: Then I will go alone.
John: Perfect!

S. 195
HOW TO GET A WOMAN

Robert: You see that woman? She's my new girlfriend, but she doesn't know it, yet.
Richard: But she's older than the hills.
Robert: I like women with experience, and tonight I'm on fire, a lot of love is on the cards for tonight.
(Robert goes to the woman, speaks with her, and then comes back, alone.)
Robert: She's on the rebound, and doesn't feel like going out with me. (Robert begins to cry...) I don't want to be put on the shelf, I'm always alone.

S. 197
THE FILM

Paul: They will make the film here dad, we will be on the map!
Father: No, it's out of the question.
Paul: But why? As an opportunity, it's out of this world! You're crazy!
Father: You are really out of order, Paul.

S. 202
FRIENDS

Bruce: I am tired of my job. I want to find something else.
Lenny: Listen, if you play your cards right, I'll find you a job in my factory.
Bruce: Do they pay well?
Lenny: They pay very well.
Lenny: A penny for your thoughts.
Bruce: Are you pulling my leg? Because if you are, you are playing with fire.
Lenny: No, Bruce, I can help you.
Bruce: Thank you.
Lenny: One day, you could become (or get to be) an important manager.
Bruce: Yes, and pigs will fly.
Lenny: Listen, if they don't take you on at my factory there is Plan B. You can be a babysitter... Lucy is pregnant!

S. 208
GENTLEMAN THIEF

Bones: Ok, are you ready to rob the bank with me?
Rocky: Now? It's raining cats and dogs outside!
Bones: I have two umbrellas.
Rocky: Yes, but that's a quick fix, Bones! Where will we put the umbrellas when we have to enter? We have to be as quiet as a mouse!
Bones: You always have to rock the boat, eh?
Rocky: Always?
Bones: Yes, even when we were in the group. You always found problems with my plans. The group ended for that reason.

Rocky: No, the group ran out of steam in the end. Anyway, you can't take umbrellas into the bank.
Bones: Eh?
Rocky: An umbrella could be used as a weapon, so by law they can't be taken into public places... you know how the red tape is for banks.
Bones: I'm going alone.

S. 217
ABOUT MADNESS

Theo: I think that Freud had a great mind.
Brian: He was crazy.
Theo: Oh yes? If he was crazy, then I would sell my soul to be crazy. Think about when his books came out. They (or he) totally swam against the tide, but they sold like hot cakes.
Brian: Theo, I know you have a soft spot for Sigmund, but he said a lot of ridiculous things.
Theo: Brian, it wasn't all set in stone; they were just ideas.
Brian: He was crazy.
Theo: No! He was the salt of the earth.
Brian: Why have you got a soft spot for Freud?
Theo: I haven't got a soft spot for him, you dummy!
Brian: See? I say something against Freud and you see red!
Theo: I know that for you it is second nature to get people angry, but now I'll tell you something and to sweeten the pill, I will tell you that it's not only (or just) you. I'll make it short and sweet, ready?
Brian: Yes.
Theo: You are a dummy.
Brian: Oh yes?
Theo: Yes, and seeing is believing and I can see you, and you're a dummy.

S. 223
GOSSIP

Anna: Have you met Amber's new boyfriend?
Lucy: Yes, the guy who talked shop at the party... she should think again, that girl, he is taking her for a ride.

Anna: It's not true, come on!
Lucy: That's my opinion, take it or leave it.
Anna: I went to her house yesterday, and there wasn't a soul there. Have they gone away?

S. 228
THE BOSS

Frank: The boss is agitated. He's waiting for a call from Berlin.
Freddy: Is he the boss? Isn't he the lawyer?
Frank: Yes, he wears many hats here because it's his father's company.
Freddy: Why doesn't he call Berlin?
Frank: Because he's playing the waiting game. It's his way and you can't teach an old dog new tricks.
Freddy: He seems angry...
Frank: I think that, if Berlin calls today with a positive answer, you'll see him very happy. But for now he is playing the waiting game